insel taschenbuch 4987
Lebenslust mit
Kurt Tucholsky

»Glück ist der Zustand, den man nicht spürt, sagt der Weise.«
Doch wenn Kurt Tucholsky in der Phantasie seiner Lese-
rinnen und Leser sprachgewaltig einen Walzer zum Erklingen
bringt und dazu ein verliebtes junges Paar ausgelassen einen
Abhang hinunterwirbeln läßt, wenn er augenzwinkernd be-
schreibt, wie einer auf Reisen »Frankreich von innen« er-
kundet und erschöpft, völlig ramponiert und hutlos aus einer
Feengrotte kriecht, oder wenn er in seinen absurden »Rezep-
ten gegen Grippe« empfiehlt, Homöopathen »am besten täglich je dreimal eine Fünf-Pfennig-Marke« lecken zu lassen,
dann gelingt es ihm auf unnachahmliche Art und Weise, Glücks-
momente spürbar zu machen, Lust am Leben zu evozieren
und unbändige Heiterkeit zu erzeugen.

Kurt Tucholsky, geboren 1890 in Berlin, studierte Jura in Berlin, Jena und Genf. Als politisch engagierter Journalist und
zeitweiliger Mitherausgeber der Wochenzeitschrift *Die Weltbühne* zählt er zu den bedeutendsten Publizisten der Weima-
rer Republik. Zugleich war er Satiriker, Kabarettautor, Ro-
mancier und Lyriker. 1929 ging er nach Schweden, wo er
sich 1935 das Leben nahm.

Christine M. Kaiser studierte Germanistik und Kunstgeschich-
te an der RWTH Aachen und der TU Braunschweig. Sie lebt
als freie Lektorin, Autorin und Herausgeberin in Königslutter
am Elm.

Lebenslust mit Kurt Tucholsky

Ausgewählt von Christine M. Kaiser

Insel Verlag

Erste Auflage 2023
insel taschenbuch 4987
© Insel Verlag Anton Kippenberg GmbH & Co. KG, Berlin, 2010
Quellenverzeichnis am Schluß des Bandes
Alle Rechte vorbehalten. Wir behalten uns auch eine Nutzung des
Werks für Text und Data Mining im Sinne von § 44 b UrhG vor.
Umschlagillustration: Hans Traxler, Frankfurt am Main
Umschlaggestaltung: Rothfos & Gabler, Hamburg
Satz: Satz-Offizin Hümmer GmbH, Waldbüttelbrunn
Druck: CPI books GmbH, Leck
Printed in Germany
ISBN 978-3-458-68287-5

www.insel-verlag.de

Lebenslust mit
Kurt Tucholsky

Inhalt

An guten Ratschlägen
fehlts nicht*

Leben ist aussuchen. Und man suche sich das aus, was einem erreichbar und adäquat ist, und an allem andern gehe man vorüber. [WB, 13. 1. 31, 59]

Erwarte nichts. Heute: das ist dein Leben.
[WB, 15. 9. 31, 416]

Du bekommst einen Brief, der dich maßlos erbittert? Beantworte ihn sofort. In der ersten Wut. Und das laß drei Tage liegen. Und dann schreib deine Antwort noch mal.
[WB, 24. 5. 32, 785]

Hab Erbarmen. Das Leben ist schwer genug.
[WB, 6. 8. 29, 204]

Wer auf andre Leute wirken will, der muß erst einmal in ihrer Sprache mit ihnen reden. [WB, 15. 6. 22, 610]

[...] wenn es wild zugeht, soll man immer erst einmal bis hundert zählen oder einen Kaffee trinken. [SG, 215]

Man achte immer auf Qualität. Ein Sarg zum Beispiel muß fürs Leben halten. [WB, 26. 1. 32, 140]

* GW 5, 1927, 83

Kopf hoch! Es gibt einen Spruch,
der strahlt über allen Sorgen:
Warte nicht zu lange,
warte nicht zu lang!
Lausch deinem innern Klange,
die Zeit geht ihren Gang.
Jeder hat im Leben
eine Melodie ...
Und was du dir nicht selber nimmst,
das erreichst du nie –!

[GW 9, 1931, 326]

Du mußt über einen Menschen nichts Böses sagen. Du
kannst es ihm antun – das nimmt er nicht so übel. Aber
sage es ihm nicht. Er ist in erster Linie eitel, und dann erst
schmerzempfindlich. [WB, 26. 1. 32, 140]

Vertraue nur auf Gottes Mühlen. Er wird dir was mahlen.

[WB, 3. 11. 25, 699]

Man soll sich seiner Albernheit nicht schämen –

[WB, 3. 5. 32, 683]

Lebst du mit ihr gemeinsam – dann fühlst du dich recht
einsam.
Bist du aber alleine – dann frieren dir die Beine.
Lebst du zu zweit? Lebst du allein?
Der Mittelweg wird wohl das richtige sein.

[WB, 15. 3. 32, 415]

Und spart eure Gefühle für die Frauen auf, die euch einmal begegnen, und wenn ihr Glück habt, für einen Freund, und wenn ihr einen Haupttreffer macht: überhaupt nicht für einen Menschen, sondern für eine große und schöne Sache.

[RW, 1913, 57]

[...] es gibt ein Mittel, ein einziges, im Schachspiel unbesiegt zu bleiben. Spiele nicht Schach.   [WB, 14. 1. 30, 112]

Gebt den Leuten mehr Schlaf – und sie werden wacher sein, wenn sie wach sind.   [WB, 21. 1. 30, 150]

[...] der Schriftsteller sei kein lyrisches Mondkalb.

[WB, 20. 8. 29, 285]

Man sollte aber bei jeder Verrichtung denken: Tu sie gut. Gib dich ihr ganz hin. Vielleicht ist es das letztemal.

[WB, 20. 10. 25, 622]

Man darf tippen.
Man darf immer tippen.
Man darf nur dann nicht tippen, wenn es besser ist, mit der Hand zu schreiben.   [GW 9, 1931, 99]

Wer die Enge seiner Heimat ermessen will, reise. Wer die Enge seiner Zeit ermessen will, studiere Geschichte.

[GW 4, 1926, 422]

Wir wollen uns Erinnerungen machen, die Funken sprühen!

[GW 1, 1912, 71]

Man soll nichts tun, was einem nicht gemäß ist.

[WB, 5. 7. 32, 21]

Laß das Alter gewähren, mein Kind. Vielleicht hat sie nicht so hübsche Jugenderinnerungen ...

[GW 1, 1912, 69]

Man muß den Ernst des Lebens hochhalten ... bei Brille und Bart! [GW 9, 1931, 136]

Bewahrt den Fluch in euren Herzen und gebt den Hilfeschrei weiter! [RW, 1928, 344]

[...] man muß den Leuten nie mehr Geld aus der Tasche ziehen wollen, als wirklich drin ist, denn sonst merken sies. [GW 1, 1914, 235]

Übrigens soll man Fahrtgenossen nicht so scharf ins Auge nehmen. [GW 5, 1926, 513]

Man sollte mehr Vertrauen zu seinen Instinkten haben, wozu freilich gehört, daß man welche hat.

[WB, 31. 3. 31, 470]

Man sollte die Trägheit des Herzens überwinden.

[WB, 15. 12. 21, 610]

Wenn mans im Leben zu was bringen will, muß mans zu was gebracht haben −! [WB, 3. 4. 28, 525]

Seid mißtrauisch, wenn sich um einen Künstler weibliche und männliche alte Jungfern scharen! [WB, 12. 1. 32, 56]

Nicht kindisch: kindlich sollen wir bleiben.

[RW, 1926, 302]

[...] nichts ist gefährlicher, als den Partner zu niedrig einzuschätzen – auf diese Weise sollen schon Kriege verloren gegangen sein. [GW 9, 1931, 216]

Und man soll die andern Menschen, die um uns herumleben, nun ja nicht für dümmer halten – dergleichen hat sich schon oft bitter gerächt. [GW 9, 1931, 96]

Ein vernünftiges Wort zur rechten Stunde hilft fast immer, und man kann sich weit mehr mit seinen Gegnern aussprechen, als man gemeinhin denkt. Man tuts nur nicht immer. Wenn Sie jemand verklagen wollen, dann überlegen Sie es sich, überschlafen Sie die Sache noch einmal, und schenken Sie für das Geld, das Verfahren, Anwalt und Urteil kosten, Ihrer Familie etwas Hübsches. Sie haben mehr davon. [GW 6, 1928, 258]

Nimm nicht jedes Wort gleich tragisch – wir reden alle mehr daher, als wir unter Eid verantworten können.

[WB, 6. 8. 29, 203]

Bei Tante Friedeberg in Stettin stand auf dem Schreibtisch die Sonne meiner Kindheit: eine kleine Glaskugel mit einem Weihnachtsmann drin. Wenn man die Kugel auf den Kopf stellte, so daß ihre Marmorplatte, auf der sie saß, zu oberst kam, dann fing es an, in der Kugel zu schneien. Es war eine einzige Herrlichkeit. Stellte man die Kugel wieder auf den Tisch, so fuhr es fort, zu schneegestöbern. Langsam, ganz langsam setzten sich die Schneeflocken dem Weihnachtsmann auf die Mütze, auf seinen Ruprechtssack und auf den Boden der Kugel ... sachte, sachte. Erst wenn sie sich alle gesetzt hatten, sah man wieder klar. Erbarmungslos klar: der Weihnachtsmann war eine kleine Murks-Puppe, und die Schneeflocken Schnipselchen aus irgendeiner Masse. Abwarten ist immer gut.

[WB, 24. 12. 29, 945]

RATSCHLÄGE FÜR EINEN GUTEN REDNER

Hauptsätze, Hauptsätze. Hauptsätze.

Klare Disposition im Kopf – möglichst wenig auf dem Papier.

Tatsachen, oder Appell an das Gefühl. Schleuder oder Harfe. Ein Redner sei kein Lexikon. Das haben die Leute zu Hause.

Der Ton einer einzelnen Sprechstimme ermüdet; sprich nie länger als vierzig Minuten. Suche keine Effekte zu erzielen, die nicht in deinem Wesen liegen. Ein Podium ist eine unbarmherzige Sache – da steht der Mensch nackter als im Sonnenbad.

Merk Otto Brahms Spruch: Wat jestrichen is, kann nich durchfalln.

[GW 8, 1930, 292]

Rezepte gegen Grippe

Beim ersten Herannahen der Grippe, erkennbar an leichtem Kribbeln in der Nase, Ziehen in den Füßen, Hüsteln, Geldmangel und der Abneigung, morgens ins Geschäft zu gehen, gurgele man mit etwas gestoßenem Koks sowie einem halben Tropfen Jod. Darauf pflegt dann die Grippe einzusetzen.

Die Grippe – auch ›spanische Grippe‹, Influenza, Erkältung (lateinisch: Schnuppen) genannt – wird durch nervöse Bakterien verbreitet, die ihrerseits erkältet sind: die sogenannten Infusionstierchen. Die Grippe ist manchmal von Fieber begleitet, das mit 128° Fahrenheit einsetzt; an festen Börsentagen ist es etwas schwächer, an schwachen fester – also meist fester. Man steckt sich am vorteilhaftesten an, indem man als männlicher Grippekranker eine Frau, als weibliche Grippekranke einen Mann küßt – über das Geschlecht befrage man seinen Hausarzt. Die Ansteckung kann auch erfolgen, indem man sich in ein Hustenhaus (sog. ›Theater‹) begibt; man vermeide es aber, sich beim Husten die Hand vor den Mund zu halten, weil dies nicht gesund für die Bazillen ist. Die Grippe steckt nicht an, sondern ist eine Infektionskrankheit.

Sehr gut haben meinem Mann ja immer die kalten Packungen getan; wir machen das so, daß wir einen heißen Grießbrei kochen, diesen in ein Leinentuch packen, ihn aufessen und dem Kranken dann etwas Kognak geben – innerhalb zwei Stunden ist der Kranke hellblau, nach einer weiteren Stunde dunkelblau. Statt Kognak kann auch Möbelspiritus verabreicht werden.

Fleisch, Gemüse, Suppe, Butter, Brot, Obst, Kompott und Nachspeise sind während der Grippe tunlichst zu vermeiden – Homöopathen lecken am besten täglich je dreimal eine Fünf-Pfennig-Marke, bei hohem Fieber eine Zehn-Pfennig-Marke.

Bei Grippe muß unter allen Umständen das Bett gehütet werden – es braucht nicht das eigene zu sein. Während der Schüttelfröste trage man wollene Strümpfe, diese am besten um den Hals; damit die Beine unterdessen nicht unbedeckt bleiben, bekleide man sie mit je einem Stehumlegekragen. Die Hauptsache bei der Behandlung ist Wärme: also ein römisches Konkordats-Bad. Bei der Rückfahrt stelle man sich auf eine Omnibus-Plattform, schließe aber allen Mitfahrenden den Mund, damit es nicht zieht.

Die Schulmedizin versagt vor der Grippe gänzlich. Es ist also sehr gut, sich ein siderisches Pendel über den Bauch zu hängen: schwingt es von rechts nach links, handelt es sich um Influenza; schwingt es aber von links nach rechts, so ist eine Erkältung im Anzuge. Darauf ziehe man den Anzug aus und begebe sich in die Behandlung Weißenbergs. Der von ihm verordnete weiße Käse muß unmittelbar auf die Grippe geschmiert werden; ihn unter das Bett zu kleben, zeugt von medizinischer Unkenntnis sowie von Herzensroheit.

Keinesfalls vertraue man dieses geheimnisvolle Leiden einem sogenannten ›Arzt‹ an; man frage vielmehr im Grippefall Frau Meyer. Frau Meyer weiß immer etwas gegen diese Krankheit. Bricht in einem Bekanntenkreis die Grippe aus, so genügt es, wenn sich *ein* Mitglied des Kreises in Behandlung begibt – die andern machen dann alles mit, was der Arzt verordnet. An hauptsächlichen Mitteln kommen in Betracht:

Kamillentee. Fliedertee. Magnolientee. Gummibaumtee. Kakteentee.

Diese Mittel stammen noch aus Großmutters Tagen und helfen in keiner Weise glänzend. Unsere moderne Zeit hat andere Mittel, der chemischen Industrie aufzuhelfen. An Grippemitteln seien genannt:

Aspirol. Pyramidin. Bysopeptan. Ohrolax. Primadonna. Bellapholisiin. Aethyl-Phenil-Lekaryl-Parapherinan-Dynamit-Acethylen-Koollomban-Piporol. Bei letzterem Mittel genügt es schon, den Namen mehrere Male schnell hintereinander auszusprechen. Man nehme alle diese Mittel sofort, wenn sie aufkommen – solange sie noch helfen, und zwar in alphabetischer Reihenfolge, ch ist ein Buchstabe. Doppelkohlensaures Natron ist auch gesund.

Besonders bewährt haben sich nach der Behandlung die sogenannten prophylaktischen Spritzen (lac, griechisch; so viel wie ›Milch‹ oder ›See‹). Diese Spritzen heilen am besten Grippen, die bereits vorbei sind – diese aber immer.

Amerikaner pflegen sich bei Grippe Umschläge mit heißem Schwedenpunsch zu machen; Italiener halten den rechten Arm längere Zeit in gestreckter Richtung in die Höhe; Franzosen ignorieren die Grippe so, wie sie den Winter ignorieren, und die Wiener machen ein Feuilleton aus dem jeweiligen Krankheitsfall. Wir Deutsche aber behandeln die Sache methodisch:

Wir legen uns erst ins Bett, bekommen dann die Grippe und stehen nur auf, wenn wir wirklich hohes Fieber haben: dann müssen wir dringend in die Stadt, um etwas zu erledigen. Ein Telefon am Bett von weiblichen Patienten zieht den Krankheitsverlauf in die Länge.

Die Grippe wurde im Jahre 1725 von dem englischen Pfarrer Jonathan Grips erfunden; wissenschaftlich heilbar ist sie seit dem Jahre 1724.

Die glücklich erfolgte Heilung erkennt man an Kreuzschmerzen, Husten, Ziehen in den Füßen und einem leichten Kribbeln in der Nase. Diese Anzeichen gehören aber nicht, wie der Laie meint, der alten Grippe an – sondern einer neuen. Die Dauer einer gewöhnlichen Hausgrippe ist bei ärztlicher Behandlung drei Wochen, ohne ärztliche Behandlung 21 Tage. Bei Männern tritt noch die sog. ›Wehleidigkeit‹ hinzu; mit diesem Aufwand an Getue kriegen Frauen Kinder.

Das Hausmittel Cäsars gegen die Grippe war Lorbeerkranz-Suppe; das Palastmittel Vanderbilts ist Platinbouillon mit weichgekochten Perlen.

Und so fasse ich denn meine Ausführungen in die Worte des bekannten Grippologen Professor Dr. Dr. Dr. Ovaritius zusammen:

Die Grippe ist keine Krankheit – sie ist ein Zustand –!

[GW 9, 1931, 125 ff.]

Das ist eine Lebensweisheit*

Dies ist, glaube ich, die Fundamentalregel alles Seins:
»Das Leben ist gar nicht so. Es ist ganz anders.«

[WB, 18.8.25, 262]

Glück ist der Zustand, den man nicht spürt, sagt der
Weise. [WB, 14.6.23, 702]

Jeder ist halb so wichtig, wie er glaubt –

[GW 6, 1928, 233]

Einmal hatte es ein Deutscher sehr eilig in Paris, als er bei
Tisch saß, und er sagte das auch dem Kellner ... Darauf jener: »Wenn Sie keine Zeit haben, dann müssen Sie nicht
frühstücken –!« Das ist eine Lebensweisheit.

[GW 8, 1930, 177]

Zuhörenkönnen ist überhaupt die halbe Lebensweisheit.

[GW 8, 1930, 244]

Geld will ernst genommen werden; sonst kommt es nicht
zu dir. [GW 8, 1930, 172]

Vom Stationsvorsteher aus gesehn sieht der tägliche Abschied der Reisenden an den Zügen recht stereotyp aus.
Von der Krankenschwester aus gesehn hat der Tod ein andres Gesicht als vom Trauernden aus gesehn. Alles, was

* GW 8, 1930, 177

man regelmäßig und berufsmäßig tut, versteinert. Man sollte auch seine eignen Erlebnisse vom Stationsvorsteher aus sehen können. [WB, 24. 5. 32, 785]

Schlange vor dem Schalter. Alles geht, wenn auch langsam, so doch regelmäßig; du ruckst voran. Bis der Mann vor dir herankommt. Der Mann vor dir macht stets ungeahnte Schwierigkeiten, er will Herrn Eisenbahn persönlich sprechen und braucht für sich allein so viel Zeit wie alle andern Vormänner zusammen. So ist das Leben.
[WB, 5. 7. 32, 21 f.]

Man fällt selten über seine Fehler. Man fällt meistens über seine Feinde. [WB, 8. 3. 32, 378]

Es gibt Glückspilze und Unglücksraben – Unglück ist dauerhafter. [WB, 30. 6. 25, 966]

Die Seele jeder Ordnung ist ein großer Papierkorb.
[WB, 19. 7. 32, 98]

Man soll nie jemand nach dem fragen, was man wissen will, das ist eine alte Weisheit. Dann sagt ers nicht.
[SG, 93]

Ich erkenne immer mehr die tiefe Weisheit des seligen Ringelnatz, der gesagt hat: »Wenn ich so reich wäre und so mächtig, daß ich alles ändern könnte – dann ließe ich alles so, wie es ist.« [BA, 23. 3. 35, 451]

Wo gibt es noch reine Freuden? Ich glaube: nur noch in dem alleinseligmachenden Zustand, wo jener, glücklich lächelnd, in der Droschke saß und den Kutscher fragte, wieviel Uhr es sei. Und der Kutscher antwortete: »Elf Uhr, Herr!« Und jener, im Vollbewußtsein der irdischen Seligkeit: »Gestern – oder – heute?« Siehe, das ist das Glück. Aber der hat am nächsten Morgen einen unfreundlichen Kater und muß büßen, daß er den Flug von der Erde versucht hat. Und kraucht wieder unten –

[WB, 14. 6. 23, 702]

Hat es einen Wert, die Zeit anzuhalten? Ist es nicht viel, viel schöner, die Zeit auskosten zu müssen, hastig, gierig, schlürfend – weil man Angst hat, daß sie zerrinnt und verfliegt? Besteht nicht darin der Wert aller großen und kleinen Freuden, daß sie vergänglich sind? Vergänglich die paar glücklichen Wochen in dem kleinen Försterhaus und vergänglich ein Vierundzwanzigstundenglück?

[GW 2, 1919, 128]

Es ist beinah dieselbe Frage: ob man lebt oder ob man im Dienste eines Apparats gelebt wird. Ein weiser Mann des fernen Ostens, dem eine solche Frage vorgelegt wurde, sann lange nach. Und dann sprach er: »Wenn Sie mich so fragen – muß ich Ihnen antworten: Ja.«

[GW 8, 1930, 180]

Fruchtbar kann nur sein, wer befruchtet wird. Liebe trägt Früchte, Frauen befruchten, Reisen, Bücher . . .

[WB, 27. 12. 27, 965]

Charakteristisch für einen Menschen ist das, was ihm
selbstverständlich ist. [WB, 2. 10. 28, 522]

Nun liegt das tief im Menschen begründet: ohne Achtung seiner selbst kann er kaum leben, ohne Verachtung
eines andern nie. Die gibt ihm erst das nötige Relief. »Ich
grüße ihn nicht mehr ...« das gibts allerdings in keiner
andern Sprache. Ausgelöscht ist der andre und tot, »in
meinen Augen« – er ist also eine subjektive Leiche; wir
sind allesamt solche Opfer von irgendeinem Sieger, den
wir vielleicht gar nicht kennen. Der Sieger macht das so,
daß er das feindliche Milieu nicht nur nicht achtet – er erkennt es überhaupt nicht an; es gibt das nicht mehr; es
wird nicht in den Listen geführt – item: ist es nicht da.
[WB, 2. 7. 29, 2]

– ich glaube, daß man erst durch Himmel und Hölle hin-
durch muß, ehe man frei und gescheit ein Mädchen küßt,
eine Frau liebt und eine Sommernacht lang vergnügt ist.
[WB, 23. 9. 20, 336]

Es tut wohl, die eigne Not auch von andern gefühlt zu
wissen. [WB, 27. 10. 21, 422]

Protektion ist eine Hauptstütze der Welt.
[GW 2, 1920, 251]

Dies, mein Sohn, in einem Satze ist des Lebens Sinn:
    Kommt schon mal ne leere Droschke – dann sitzt einer
drin! [WB, 13. 1. 21, 57]

Selbsthaß ist der erste Schritt zur Besserung.

[WB, 26.7.23, 83]

Das Leben ist eine Wartehalle. [DT, 1929, 719]

[...] solange es Menschen auf der Erde gibt, werden sie
Stunden haben, in denen sie den ganzen Kram um sich
herum vergessen und selig anfangen zu spielen. Mit dem
Leben zu spielen, mit Blumen, mit Mädchen, mit den Din-
gen, und mit den Erinnerungen. Stunden, in denen es ihnen klar wird, daß es ja schließlich – bei aller Achtung
vor den Metaphysikern – nicht darauf ankommt, einer
Idee zu dienen, sondern, entschuldigen Sie das verpönte
Wort, zu leben. Und glücklich zu sein. Und dazusein.

[RW, 1920, 114]

In der vollkommenen Stille hört man sich selbst.

[WB, 2.8.27, 183]

In der vollkommenen Stille hört man die ganze Welt.

[GW 5, 1927, 326]

Mit welchem Resultat könnte man studieren, wenn man
nicht es mehr müßte! Wenn man es will! Wenn die Lehre
durch weitgeöffnete Flügeltüren einzieht, anstatt durch
widerwillig eingeklemmte Türchen, wie so oft in der Jugend! [GW 7, 1929, 38]

Große Dinge ereignen sich nicht mittags um zwölf Uhr
zehn. Sie wachsen langsam. [WB, 30.9.20, 373]

Aber so ist das im Leben:

Das Schönste vom Sonntag ist der Sonnabend Abend.

[GW 6, 1928, 123]

Eine Wand ist die Mutter des Astlochs.   [DT, 1912, 44]

Man kann sie nicht mehr besichtigen, die Welt – man muß mit ihr leben oder gegen sie.   [GW 9, 1931, 21]

Da ist diese Geschichte von den beiden Musikern, die wohnten in einer gemeinsamen Wohnung. Und der eine spielte noch spät abends vor dem Schlafengehen Klavier, und er spielte eine ganze große Melodie, mit allen Variationen, und zum Schluß noch einmal das Grundthema, aber das spielte er nur knapp bis zum Schluß, da hörte er auf, und den Schlußakkord, den spielte er nicht mehr. Sondern ging zu Bett.

Nachts um vier aber erhob sich der andere Musiker, schlich leise zum Klavier und schlug den fehlenden Grundakkord an. Und dann ging er beruhigt und erlöst schlafen.

Der Mensch will alles zu Ende machen.

[GW 9, 1931, 267]

[...] wesentlich an einem Menschen ist das, was ihm selbstverständlich ist, das, wovon er überhaupt kein Wesens macht, weil es ihm Natur ist.   [WB, 17.11.21, 512]

Als einer der deutschen Kaiser, derentwegen ich im Abiturientenexamen durchgefallen bin, einmal ein Kloster besuchte, sagte er zu dem Prior: »Ihr habts hier aber schön! Welch herrlicher Garten! Welch herrliches Refektorium!«

Und einer der Mönche erwiderte: »Ja – herrlich – trans-
euntibus!« – Was etwa heißt: für die, die nur vorüberge-
hen! – Das ist ein wahres Wort.   [GW 3, 1924, 484]

Der schönste Augenblick am Tag ist doch der, wo man
morgens unter der Brause hervorkriecht und das Wasser
von einem abtropft. Was dann noch kommt, taugt eigentlich nicht mehr viel.   [WB, 30. 12. 30, 999]

Ob man die Wahrheit sagt oder nicht: sie besteht.
                                           [GW 4, 1925, 84]

Die Wahrheit liegt nicht in der Mitte, weil eine Wahrheit
niemals in der Mitte liegt – die Wahrheit liegt darüber.
                                           [DT, 1929, 690]

Einmal, einmal muß man hinter jeden geschlossenen Vor-
hang sehen – das ist so.   [WB, 26. 4. 27, 683]

Nur Dummköpfe sind im Beruf feierlich.
                                       [WB, 19. 1. 32, 100]

Kulanz ist immer ein gutes Geschäft.   [DT, 1929, 678]

Lehren heißt: vom innern Reichtum abgeben; man muß
am Ende stehen, wenn man andern den Anfang zeigen will.
                                       [WB, 14. 10. 30, 578]

Wir werden die Welt nicht ändern, nicht einmal, wenn
wir einen Verein gründen.   [GW 1, 1917, 265]

An einem Rausch ist das schönste der Augenblick, in dem er anfängt, und die Erinnerung an ihn.   [WB, 9. 8. 32, 205]

Einer, mit dem man lacht, wird leicht einer, über den man lacht.   [WB, 16. 2. 32, 256]

Es gibt keine Regierung, die einem nicht zu den Heloten zu zählenden Volk auf die Dauer künstlich aufgepfropft wäre: jede Regierung ist im Tiefsten, besonders im Passiven, der Ausdruck ihres ganzen Volkes.

[WB, 11. 11. 24, 736]

– Schimpfen ist eine Lebensnotwendigkeit wie Atmen
[WB, 26. 1. 26, 133]

Der, der einen Schlafenden beobachtet, fühlt sich ihm überlegen – das ist wohl ein Überbleibsel aus alter Zeit, vielleicht schlummert da noch der Gedanke: er kann mir nichts tun, aber ich ihm.   [SG, 43 f.]

Jeder will sich seinen Schnupfen allein holen.
[GW 8, 1930, 243]

Manchmal ist Schweigen auch: Zeitmangel, Ignoranz, Überbürdung, Mangel an den letzten, entscheidenden zehn Karat Interesse ...   [WB, 17. 1. 28, 95]

Und es gibt keine tiefere Sehnsucht als diese: die Sehnsucht nach der Erfüllung. Sie kann nicht befriedigt werden ...   [GW 1, 1912, 67]

Wenn du aufwärts gehst und dich hochaufatmend um-
siehst, was du doch für ein Kerl bist, der solche Höhen
erklimmen kann, du, ganz allein –: dann entdeckst du immer Spuren im Schnee. Es ist schon einer vor dir dage-
wesen. [WB, 7. 4. 31, 515]

Denn nichts ist schwerer und nichts erfordert mehr Charakter, als sich in offenem Gegensatz zu seiner Zeit zu be-
finden und laut zu sagen: Nein. [WB, 6. 10. 21, 340]

»Mißtrauen«, hat einer der klügsten Männer gesagt, die
ich kenne – »Mißtrauen ist die Klugheit der Dummen.«
[DT, 1930, 749]

Liebe lehrt erkennen, Haß lehrt erkennen –; Gleichgül-
tigkeit nie. [DT, 1931, 802]

Zugegeben: keine Feindschaft ist so glühend, kein Haß
so brennend wie der, der aus verschmähter Liebe kommt.
[DT, 1928, 604]

Wer inbrünstig haßt, muß einmal sehr geliebt haben. Wer
so die Welt verneinen will, muß sie einmal sehr stark be-
jaht haben. Muß einmal umarmt haben, was er nun ver-
brennt. [GW 2, 1920, 382]

Wir sind uns darüber klar, daß Formen nötig sind, um
den Verkehr zwischen Menschen überhaupt erträglich zu
machen. Ohne sie geht es nicht. Aber sie sind nicht das Ur-
sprüngliche, nicht das, für das sich zu leben verlohnt. Es
ist eine Frage der Zeit, wann zwischen Menschen, die sich

29

schätzen – Freunde, Geliebte, Liebende – wann zwischen ihnen der Schleier fällt. Man wird ihn immer wieder aufheben (also nicht auf der Straße zärtlich sein), aber der Mensch kann dem andern nicht im Zylinderhut nahetreten. Den setzt er unterdessen ab. [BA, 16. 1. 18, 44]

Wir besetzen das Theater des Lebens so:

Hauptrolle: ICH. Dann eine ganze Weile gar nichts. Dann eine unübersehbare Statisterie: die andern. Nicht, daß wir sie nun alle für dämlich hielten ... aber eben doch nur: für die ›andern‹ ... und es gehört schon eine ganze Menge Lebensklugheit, nein, Weisheit dazu, einzusehen, daß es mit den andern im Grunde genau, aber ganz genau so bestellt ist, wie mit uns. Denn jeder von ihnen hat schon verzweifelt vor einem Haus auf eine Frau gewartet und dabei an dem Haus hochgesehen wie an einem bösen Urwelttier ... jeder von ihnen hatte seinen kleinen Stolz, als er sich freigeschwommen hatte; jeder von ihnen hat vier kleine dumme Gegenstände in den Schubladen, die behangen sind mit Erinnerungen ... jeder hat das. Nicht nur du allein. Nicht nur ich allein. Jeder hat, um es mit einem Wort zu sagen, die unaufgeräumte kleine Schublade, auf die jeder so stolz ist, als habe er sie ganz allein.

[GW 9, 1931, 216 f.]

Peter Panter

Privat-Sekretariat
Abteilung: Gefühle
Tgb.-Nr. 1427/28 G b 3
Paris, den heutigen.

Sehr geehrter Herr Uhu!

Bezugnehmend auf Ihre werte Anfrage vom neulichen dieses Monats, erlaube ich mir, im Auftrage von Herrn Peter Panter auf die Frage, ob sich derselbe schon einmal im Mai verliebt hat, folgendes ergebenst zu erwidern:

Laut Verordnung des Panterschen Leibarztes, Herrn Dr. Woronoff, verliebt sich Herr Panter im Mai grundsätzlich nicht. Etwaige Verliebtheiten werden in den November placiert, und auch diese nur in bescheidenem Umfange (etwa 1 Eßlöffel wöchentlich).

Für den Monat Mai sind – immer laut ärztlicher Verordnung – lediglich Auffrischungen alter Lieben vorgesehen. Sie haben den Vorteil, daß die Emotion Panters dieselbe oder doch fast dieselbe ist wie bei einer Neueinstellung. Wir halten es da wie das Publikum im Theater, von dem Tristan Bernard gesagt hat: »Es will überrascht werden, aber nur durch das, was es schon kennt.« Auf diese Weise hat die Abteilung ›Gefühle‹ bisher nur Erfolge zu verzeichnen gehabt.

Für dieses Jahr werden wir Herrn Panter vorlegen:

        Lisa (lfd. No. 436)

        Kitty (No. 234)

        Margot (No. 1003)

Die Kosten sind allerdings etwas höher zu veranschlagen als bei Neueinstellungen: so hat Lottchen im vorigen Jahr etwa 836 Mark für Futterkosten, 450 Mark für improvisierte Geschenke, 3,50 Mark für vorbereitete Geschenke verschlungen.

Herr Peter Panter sieht dem Mai gefaßt entgegen: wir haben ihn völlig renovieren lassen, er ist neu gestrichen und sieht, wenn man nicht genau hinsieht, aus wie Casanova bei Gewitter.

Indem wir von Ihnen dasselbe erhoffen, zeichnen wir ohne Mehranlaß für heute

als Ihr sehr ergebenes
Privat-Sekretariat Panter
gez. *Erika*

[GW 6, 1928, 119 f.]

Jedes Ich sucht ein Du*

»Muß denn immer gleich von Liebe die Rede sein?« –
Ja.   [WB, 26. 1. 32, 140]

Liebe ist, wenn sie dir die Krümel aus dem Bett macht.
                                       [WB, 1. 10. 30, 529]

Von der Verliebtheit. Von ihr nichts zu bekommen, ist immer noch hübscher, als mit einer andern zu schlafen.
                                       [WB, 27. 5. 30, 800]

Schön ist Beisammensein. Die Haut friert nicht. Alles ist
leise und gut. Das Herz schlägt ruhig.   [SG, 62]

Man denkt oft, die Liebe sei stärker als die Zeit. Aber immer ist die Zeit stärker als die Liebe.   [SG, 119]

Und wenn ihr mit goldenen Zungen redet und hättet der
Liebe nicht ...!   [GW 3, 1923, 316]

Wir sagen gar nichts – wir haben uns lange nicht alles gesagt, aber das muß man auch nicht, zwischen Mann und
Frau.   [GW 5, 1927, 378]

Und ich erzählte ihr, daß die Französinnen sehr vernünftige Wesen seien, mit einer leichten Neigung zu Kapricen,
die seien aber vorher einkalkuliert, und sie hätten pro

* GW 8, 1930, 35

Stück meist nur einen Mann, den Mann, ihren Mann, der auch ein Freund sein kann, natürlich – und dazu vielleicht auch anstandshalber einen Geliebten, und wenn sie untreu seien, dann seien sie es mit leichtsinnigem Bedacht. Beinah jede zweite Frau aber hätte einen Beruf. Und sie regierten das Land ohne Stimmrecht – aber eben nicht mit den Beinen, sondern durch ihre Vernunft. Und sie seien liebenswürdige Mathematik und hätten ein vernünftiges Herz, das manchmal mit ihnen durchginge, doch pfiffen sie es immer wieder zurück. Ich verstände sie nicht ganz. »Es scheinen Frauen zu sein«, sagte Lydia.   [SG, 30]

Von der Eifersucht. Ich sagte zu Germaine: »Heute nacht habe ich von dir geträumt – aber wie!« Sie zog die Stirn kraus. »Alors, tu m'as trompée avec moi!« sagte sie.

[WB, 27. 5. 30, 800]

Liebe ist: Erfüllung, Last und Medizin.

[WB, 13. 8. 29, 248]

Det Schönste an die Liebe ist die Liebe selber.

[WB, 11. 2. 30, 245]

DAS LIEBESGESPENST

Das Liebesgespenst übt sein Gewerbe im Umherziehen aus. Es hat stets alte Fotografien bei sich und kann ein schönes Lied singen: »Ja – hättest du damals!« Dann werden Liebende leicht nachdenklich. Das Liebesgespenst hat kein Geschlecht, bewegt sich in Frauenröcken wie in Her-

renfräcken und wirft auf weiße Vorhänge mit einer kleinen Laterna magica bunte Bilder: Sieh, wie hübsch Arthur
ist! Was hältst du von Helene –? Das Liebesgespenst hat
ein Salzbüchschen, damit streut es den Liebenden Salz
ins Herz. Es verändert Frisuren, läßt Bartstoppeln wachsen, verdirbt manchmal mit einer künstlich erzeugten Som-
mersprosse ganze Ehen und ist an sämtlichen Überraschun-
gen (»Himmel, mein Mann!«) schuld. Das Liebesgespenst
gespenstert durch Bälle, auf Tanzdielen, durch Schlafzim-
mer und Salons – es macht Männer zur Unzeit korpulent
und Frauen unvorteilhaft dünn. Es hat noch nie Liebende
zueinander und zusammengebracht – es ist ein Gegner
der Liebe. Manchmal bringt es aber doch ein Paar zusammen – das ist dann aber auch danach. Liebesgespenster
sind Optiker – sie setzen den in Mitleidenschaft gezogenen
Parteien Brillen auf, schwarze, rosenrote, gebatikte . . .

Das Liebesgespenst kommt in allen Weltteilen wild vor.

Das Liebesgespenst gaukelt dem Verliebten das Mädchen vor, betörend. Hat er sie, dreht es eine Lampe auf –
entzaubert, enttäuscht, melancholisch sieht der Düpierte,
was er sich da eingekauft hat. Dann geht ein trocknes Ra-
scheln durchs Zimmer. Das Gespenst hat gelacht. »Was
war das?« haucht die verliebte Braut. »Nichts – meine Ho-
senträger!« sagt der Bräutigam.   [GW 4, 1925, 81]

Entkleide die deinige von deinen Begierden, sie zu besit-
zen, setze sie in dein Zimmer, wunschlos, allein, denk, du
habest alles, was du wolltest . . . Bliebe sie? Kann sie mehr
als locken, versprechen? – Kann sie *geben*? Nicht jede
hält die Belastungsprobe aus.   [GW 1, 1912, 67]

35

Ich kann mir denken, daß es Leute gibt, die zugleich das Heilige und das Skurrile in der Liebe sehen – aber sie sind selten. [WB, 8. 4. 20, 415]

Ich sah die Prinzessin von der Seite an. Manchmal war sie wie eine fremde Frau, und in diese fremde Frau verliebte ich mich immer aufs neue und mußte sie immer aufs neue erobern. Wie weit ist es von einem Mann zu einer Frau! Aber das ist schön, in eine Frau wie in ein Meer zu tauchen. Nicht denken ... [SG, 42]

Ich sah sie an, und sie gab den Blick zurück: wir faßten uns mit den Augen bei den Händen. [SG, 133]

SIE SCHLÄFT

Morgens, vom letzten Schlaf ein Stück,
nimm mich ein bißchen mit –
auf deinem Traumboot zu gleiten ist Glück –
Die Zeituhr geht ihren harten Schritt ...
     pick-pack ...

»Sie schläft mit ihm« ist ein gutes Wort.
Im Schlaf fließt das Dunkle zusammen.
Zwei sind keins. Es knistern die kleinen Flammen,
– aber dein Atem fächelt immerfort.
Ich bin aus der Welt. Ich will nie wieder in sie zurück –
jetzt, wo du nicht bist, bist du ganz mein.
Morgens, im letzten Schlummer ein Stück,
kann ich dein Gefährte sein. [WB, 25. 9. 28, 494]

»Wölfchen, die Sonne scheint gerade so schön, wir wollen fotografieren!«

Sie holte den Apparat, den sie umständlich herrichtete. Eine Zeitaufnahme war beabsichtigt, unter dem Blätterdach der alten Bäume, die gesprenkeltes Licht zum Boden durchließen.

»Stell dir man hin, Wölfchen. Nun paß auf: wir machens einen langen Aufnahmen. Du mußt nu ümmessu ruhig stehen, weißtu, ganz stille, ich geh solange fort, auf daß es dir nicht lächere . . .«

Er stand regungslos, nur gegen die Sonne anblinzelnd, fühlte sein Herz klopfen, der Atem ging taktmäßig ein und aus. Wie lange es dauerte? Die Claire wandelte unter den Linden, weiter hinten. Es sah aus, als hätte sie vergessen . . .

Ohne die Lippen weit zu öffnen:

»Claire!«

Immer noch erging sie sich unter den schattigen Bäumen, aber sie antwortete:

»Ja?«

»Noch lange?«

»Nein.«

Wieder Schweigen. Wieder summten die Insekten. Teller klapperten im Haus.

». . . lange?«

»Wolfgang?«

»Hm?«

Und von ganz fern: »Du kannst kommen! – Ich habe gar nicht eingestellt!« Und helles Lachen.

»So ein – «

»Aber schön still hast du gehalts!«

Hoho! Wie aus einem Schallbecken platzte Lachen aus ihrem Mund, heftig, lärmend.

Aber er fing sie. [GW 1, 1912, 69 f.]

Ein Walzer kam. – Die Geigen – es mußte eine starkbesetzte Kapelle sein – zogen süß dahin, sie sangen das Thema, ein einfaches, liebliches, in langen Bogenstrichen. Verstummten. Aber nun nahmen es alle Instrumente auf, forte, und es war, wie wenn zarte Heimlichkeiten ans Licht gezogen würden. Mit Wehmut dachte man an die Pianopassagen. Aber auch so machte es einen schweben, und der Rhythmus, dieser wiegende, schleifende Rhythmus zuckte und warb. Sie standen unruhig, hatten sich bei den Händen gefaßt, reckten sich … Und da brach die Lustigkeit prasselnd durch: in tausend kleinen Achteln, die klirrten, wie wenn glitzernde Glasstückchen auf Metall fielen, brach sie durch, die Geigen jubelten und kicherten, die Bässe rummelten fett und amüsiert in der Tiefe, und auch der Zinkenist machte kein Hehl daraus, daß ihn das Ganze aufs höchste erfreute. Der Teil wiederholte sich, wieder kletterten die Geigen in die schwindelnde Höhe, guckten von ihrem hohen Sopran in die Welt, und schließlich lösten sich die Töne auf zierliche, spielerische Weise in nichts auf. Dröhnten nicht drei Paukenschläge? – Ein Dominantakkord erklang: ein Lauf, von der Flöte gepfiffen, machte neugierig, gespannt … Und wieder ein Lauf, die Geigen folgten, die Melodie blieb auf einem neuen Dominantakkord stehen … Pause … Und das alte, süße Thema kehrte in den Geigen wieder, hier war Erinnerung, heimliche Freuden und alles verliebte Flüstern der Welt! – Und da packte es die zwei, und sie drehten sich langsam, schwe-

bend, und sie tanzten auf dem struppigen Rasen, schweigend, ruhig anfangs, dann schneller und schneller ... Noch
einmal bliesen Fanfaren königlich und stolz, kaum wie-
derzuerkennen, das Thema, dann wirbelten die beiden tan-
zend den Abhang herunter.   [GW 1, 1912, 73 f.]

Haben Sie es auch so gern, wenn man in der Dunkelheit –
nachher – nur noch die kleinen Feuerklümpchen von den
Zigaretten sieht und alles so laß und müde und gleich ist ...
Das ist sehr hübsch – man erzählt sich da die hübschesten Sachen. (Aber nicht so, wie das königl. preußische
Schema dafür vorschreibt: ER: »Wars schön, Schatz?« –
SIE: »Hast du mich auch wirklich lieb?« – Nunee – denkt
er dann.) Aber die Welt sieht nachher immer noch einmal
so freundlich aus – die Wolken sind doppelt Wolken, und
der Wind erst ein richtiger Wind. Hab ich gelesen ...
                                          [BA, 1922?, 112]

Das Eigentliche für den Großstadtmenschen, das ist: dieses Sichverfressen in eine Frau, dieser Drang, ganz in sie
hineinzukriechen, sie ganz zu haben (also viel mehr als
nur ihren Körper), ganz, ganz, ganz auszukosten, was die
Stunde bietet und der Tag und auch die Nacht.
    Es ist aber schön, wenn man einer begegnet, die ebenso
fühlt – ich streiche ihr über die Hand und weiß, was sie
denkt; ich höre ihr Herz klopfen und weiß: es ist meins,
das da schlägt. –   [BA, 25. 2. 18, 46]

Der Mann (liest vom Theaterzettel): Heute: »Die Liebhaber der Dame von vis á vis. Eine Studie nach dem Leben.« Das kann fein werden!

Die Frau: Wird das sehr unsittlich sein?

Der Mann: Hoffentlich.

Die Frau: Aber die Kunst soll doch den Menschen reinigen und ihn stärken für den Alltag, sagt Lessing.

Der Mann: Wenn ich das will, geh ich ins Dampfbad.

[WB, 27. 12. 27, 970]

KONJUGATION IN DEUTSCHER SPRACHE

Ich persönlich liebe
du liebst irgendwie
er betätigt sich sexuell
wir sind erotisch eingestellt
ihr liebt mit am besten
sie leiten die Abteilung: Liebe

[WB, 8. 5. 28, 734]

Ich weiß auch, daß sich die Menschen nicht durch Knollen fortpflanzen und daß die Frage jenes alten Herrn, der im Walde ein Liebespaar belauschte: »Ja, machen sie das denn immer noch ...?« nicht so ganz berechtigt ist. Sie machen das, solange sie sind. [WB, 4. 11. 30, 701]

Wie die ›Freie Deutsche Schule‹ zu Würzburg berichtet, ist es in Bayern gelungen, ein System zu entdecken, das jede von Gott nicht gewollte Wallung der Geschlechtlichkeit zunichte macht. Der ›Altöttinger Liebfrauenbote‹ gibt uns das Rezept.

»Wenn die Reize kommen, dann etwa im Kopf ausrechnen, wieviel 27 mal 28 macht. Bis du das Resultat hast, ist das gereizte Nervensystem abgelenkt und alles wieder in Ordnung.«

Das läßt mich gar nicht mehr schlafen. Hier in Schweden sind die Frauen sehr schön und wohlschmeckend; ich gehe nie mehr ohne Logarithmentafel aus. Bis gestern hat es gut funktioniert: wenn Inge oder Karen oder Senta vorbeikam – ich die Tabelle heraus – 27 mal 28 ... und alles war in Ordnung. Seit gestern klappt es nicht mehr.

Ich muß es dem ›Altöttinger Liebfrauenboten‹ sagen –: sein System hat, mit Verlaub zu sagen, ein Loch. Nämlich: immer, wenn ich jetzt in der Wirtschaft oder im Büchlein für die Markenkasse ausrechnen will, wieviel 27 mal 28 ist, dann ist aber gar nicht alles in Ordnung. Es muß da irgend etwas haften geblieben sein, ein Komplex ... es ist ganz schrecklich. Meine Mama hat mir alle Rechenbücher fortgenommen; »es regt den Jungen so auf«, sagt sie.

Übrigens schlage ich vor: 3 mal 23. Es kommt der Sache näher. [WB, 5. 11. 29, 713]

Uhren, an denen sich Liebespaare verabreden, gehen immer falsch. [WB, 22. 3. 23, 341]

Das Liebespaar, das sich, von einander entfernt, verab-
redet, um halb elf Uhr abends an einander zu denken. Keiner tuts. Aber jeder freut sich: wie verliebt der andre doch
sei.   [WB, 24. 5. 32, 785]

In diesem Augenblick war jeder ganz allein, sie saß auf
ihrem Frauenstern, und ich auf einem Männerplaneten.
Nicht feindselig ... aber weit, weit voneinander fort.
   Mir stiegen aus dem braunen Whisky drei, vier rote Gedanken durchs Blut ... unanständige, rohe, gemeine. Das
kam, huschte vorbei, dann war es wieder fort. Mit dem
Verstand zeichnete ich nach, was das Gefühl vorgemalt
hatte. Du altes Schwein, sagte ich zu mir. Da hast du nun
diese wundervolle Frau ... du bist ein altes Schwein. Kein
Haus ohne Keller, sagte das Schwein. Mach dir doch
nichts vor! Du sollst das nicht, sagte ich zu dem Schwein.
Du hast mir schon so viel Kummer und Elend gemacht,
so viel böse Stunden ... von der Angst, daß ich mir etwas
geholt hätte, ganz zu schweigen. Laß doch diese unterirdi-
schen Abenteuer! So schön ist das gar nicht – das bildest
du dir nur ein! Höhö, grunzte das Schwein, das ist also
nicht schön. Stell dir mal vor ... Still! sagte ich, still! Ich
will nicht. Oui, oui, sagte das Schwein und wühlte scha-
denfroh; stell dir vor, du hättest jetzt ... Ich schlug es tot.
Für dieses Mal schlug ich es tot – sagen wir: ich schloß
den Koben ab. Ich hörte es noch zornig rummeln ...
                                                   [SG, 98 f.]

Und dies Abenteuer, das wir alle gern erleben möchten, als Jünglinge, als Männer und wenn wir alt geworden, ist: daß eine kommt und uns küßt und nicht spricht, sondern nur lächelt ... [GW I, 1914, 168]

Aber das ist schließlich überall:
der erste Mann ist stets ein Unglücksfall.
Die wahre Erkenntnis liegt unbestritten
etwa zwischen dem zweiten und dem dritten.
[WB, 13. 8. 29, 248]

[...] ein junger Mensch darf sich unbesorgt verliebt geben – ein alter Mensch aber muß sehr vorsichtig damit sein, für den Fall, daß es einer sieht. [WB, 7. 10. 30, 565]

Eine alte Dame empfängt den Besuch eines ihrer Freunde, der die vier Treppen zu ihrer Wohnung mit Mühe und Not heraufklettert. Noch pustend sagt er bei der Begrüßung: »Vier Treppen sind keine Kleinigkeit, gnädige Frau!« – »Lieber Freund«, sagt die Dame, »das ist das einzige Mittel, das ich noch habe, um bei den Männern Herzklopfen hervorzurufen!« [GW 4, 1925, 190]

Im Gesellschaftstanz der Quadrille gibt es eine entzückende Figur. ER tanzt nach links, ganz allein, und SIE tanzt nach rechts, ganz allein – aber wenn sie sich die Hände reichen, ist doppelt stark was vorher war. Denn nichts lehrt so, den Wert des andern erkennen, als seine Abwesenheit. Und nach der Leere, nach dem Fremden, nach allem Intermezzo wird doppelt erkannt: es tanzt sich viel, viel besser zu zwein. [BA, 16. 1. 18, 44 f.]

»Man muß wohl nicht mehr da sein, um geliebt zu werden«, sagte ich. »Noch nicht oder nicht mehr: man muß
wünschen, um zu lieben. [...]«   [WB, 17.11.25, 778]

AUS!

Einmal müssen zwei auseinandergehn;
einmal will einer den andern nicht mehr verstehn – –
einmal gabelt sich jeder Weg – und jeder geht allein –
            wer ist daran schuld?

Es gibt keine Schuld. Es gibt nur den Ablauf der Zeit.
Solche Straßen schneiden sich in der Unendlichkeit.
Jedes trägt den andern mit sich herum –
            etwas bleibt immer zurück.

Einmal hat es euch zusammengespült,
ihr habt euch erhitzt, seid zusammengeschmolzen,
                        und dann erkühlt –
Ihr wart euer Kind. Jede Hälfte sinkt nun herab –:
            ein neuer Mensch.

Jeder geht seinem kleinen Schicksal zu.
Leben ist Wandlung. Jedes Ich sucht ein Du.
Jeder sucht seine Zukunft. Und geht nun mit stockendem
                                    Fuß,
vorwärtsgerissen vom Willen, ohne Erklärung und
                                ohne Gruß
            in ein fernes Land.

                                [GW 8, 1930, 35]

Stationen

Erst gehst du umher und suchst in der Frau
das, was man anfassen kann.
Wollknäul, Spielzeug und Kätzchen-Miau –
du bist noch kein richtiger Mann.
    Du willst eine lustig bewegte Ruh:
    sie soll anders sein, aber sonst wie du ...
        Dein Herz sagt:
        Max und Moritz!

Das verwächst du. Dann langts nicht mit dem Verstand.
Die Karriere! Es ist Zeit ...!
Eine kluge Frau nimmt dich an die Hand
in tyrannischer Mütterlichkeit.
    Sie paßt auf dich auf. Sie wartet zu Haus.
    Du weinst dich an ihren Brüsten aus ...
        Dein Herz sagt:
        Mutter.

Das verwächst du. Nun bist du ein reifer Mann.
Dir wird etwas sanft im Gemüt.
Du möchtest, daß im Bett nebenan
eine fremde Jugend glüht.
    Dumm kann sie sein. Du willst: junges Tier,
    ein Reh, eine Wilde, ein Elixier.
        Dein Herz sagt:
        Erde.

Und dann bist du alt.
Und ist es soweit,
daß ihr an der Verdauung leidet –:
dann sitzt ihr auf einem Bänkchen zu zweit,
als Philemon und Baucis verkleidet.
Sie sagt nichts. Du sagst nichts, denn ihr wißt,
wie es im menschlichen Leben ist ...
Dein Herz, das so viele Frauen besang,
dein Herz sagt: »Na, Alte ...?«
Dein Herz sagt: Dank.

[WB, 18. 11. 30, 756]

Frauen sind eitel.
Männer? Nie – !*

Weil wir grade von ›Life‹ reden:

Zu meinem hundertsten Geburtstag wünsche ich mir das Original des Titelblattes, das dort im vorigen April erschienen ist.

Oben, auf dem Gerüst eines Wolkenkratzers, sitzt ein Arbeiter, den sieht man ganz aus der Nähe, ein etwas drekkiger Kerl mit aufgekrempelten Hemdsärmeln, behaarte Arme, nicht rasiert. Unten auf der Straße stehen, winzig, zwei feine Damen und sehen so zum Haus herauf. Und was tut der Mann –?

Er zieht sich seine Krawatte grade.

Das Bild trug keine Unterschrift.   [WB, 5.4.32, 521]

Die Damen fliegen ihm zu und, worum ich ihn besonders beneide, sie fliegen auch wieder davon;

[WB, 29.11.27, 843]

Die Frauen haben es ja von Zeit zu Zeit auch nicht leicht. Wir Männer aber müssen uns rasieren.

[WB, 30.12.30, 999]

Willst du eine reizende Damenbekanntschaft machen? Vergiß, dich zu rasieren.   [WB, 26.5.1931]

Frauen sind zu allem fähig.   [GW 9, 1931, 202]

* GW 6, 1928, 250 f.

Für jede Frau ist eigentlich ein ganz besonderer Laut charakteristisch, den sie und nur sie hat: Manche müssen keifen, um ganz sie selbst zu sein, manche trällern und manche leise seufzen. [WB, 29. 9. 21, 330]

Einer schönen Frau zuzusehn, die sich anzieht, das ist so schön wie der Anblick junger, spielender Raubtiere. Alles geschieht im höchsten Ernst und ist doch Spiel. (Oho!) Ja, ich weiß schon. [WB, 9. 8. 32, 205]

Vor dem Café die Provinzausgabe der Massary. Es war offenbar der Sündenengel des Ortes: die Frau des Cafétiers, eine mit den schwarzen Augen alles versprechende und mit dem Rest sicherlich nichts haltende jüngere Dame, die an das Wort jenes Engländers erinnerte: »Die Französinnen wirken so stark auf uns, weil sie zu sein scheinen, was die andern Frauen zu sein sich nicht getrauen.«
[GW 5, 1927, 42]

Wer in einem blühenden Frauenkörper das Skelett zu sehen vermag, ist ein Philosoph. Brüste sind hübscher.
[GW 3, 1923, 311]

Man sagt immer, Frauen seien so unlogisch. Das ist gar nicht wahr. Die einzig wirklich logischen Wesen, die es gibt, sind die Frauen – sie sind so ernst. Sie haben freilich eine ihnen eigene Logik – aber sie nehmen alles ernst, sogar den Mann. [GW 9, 1931, 134]

Außerdem aber kann sie schreiben. Und denken. Und sehen. Kurz: keine Frau. [GW 1, 1913, 108]

Frau vor einem Kompaß: »So schief ist Norden?«

[SB, Nr. 780]

Frauen sind eine muntere Erfindung ... [GW 9, 1931, 202]

WAS TUN FRAUEN, BEVOR SIE AUSGEHEN?

Wenn eine Frau seit vier Stunden weiß, daß sie und der Mann um sieben Uhr ins Theater gehen, wenn dann der Mann um halb sieben abgehetzt und eilig aus dem Geschäft kommt, um sie abzuholen – was tut eine solche Frau dann?

Sie entfaltet eine *unermeßliche Tätigkeit.*

Vorerst beginnt sie sich ›zurechtzumachen‹. Unter diesen Begriff fallen eine Reihe unerklärlicher Vorgänge und Betätigungen, die nie ganz zu enträtseln sind, als da wären: Zupfen der Haare vor dem großen Spiegel, dasselbe vor einem kleinen; Aufnehmen eines gleichgültigen Gegenstandes und Hinlegen desselben; Suchen der Schlüssel; Durchwühlen einer Kommode; Probe und Verwerfen eines Hutes vor einem großen Spiegel, eifriges Geläuf durch alle Zimmer. Und hier setzt nun das Rätsel ein, das große unergründliche Rätsel:

Warum tun die Frauen in der letzten Minute Dinge, die sie schon vor einer Stunde hätten tun können, und die viel mehr Zeit in Anspruch nehmen, als beim besten Willen vorhanden ist? Warum?

6.45 Uhr: »Ich muß meine Handschuhe erst nochmal mit Benzin reinigen! Anna! Anna! Wo ist das Benzin?« Benzinflasche, Handschuhe und ein großer, häßlicher Lappen

49

von tückischem Aussehen. Richtig: er verschmiert bösartig das Benzin und tut durchaus nicht, was man von ihm verlangt. Das geht so zehn Minuten. 6.55 Minuten: »Ich werde mir doch lieber die neuen Handschuhe anziehen!« Im Hintergrund ringt ein Unglücklicher die Hände – das hätte man doch schon vor zehn Minuten … Strafender Blick: »Du verstehst auch gar nichts –!« Nein, er versteht gar nichts …

7.08 Uhr: »Die Wäsche ist noch nicht gezählt!« – Aber, liebes Kind … Hier ist nicht: lieb, und hier ist nicht: Kind – die Wäsche ist noch nicht gezählt! Muß das jetzt sein? Jetzt oder nie. »Anna! – 5 Combinaisons, 44 Handtücher – wieso 44? ach so – 23 Taschentücher, 5 Hemdchen fürs Kind – na, ich werde das morgen machen – legen Sie sie da inzwischen hin! Anna, haben wir abgerechnet? Also morgen nehmen wir die Rinderbrust, die noch da ist – –« Der Hintergrund: Allmächtiger, womit habe ich das verdient! Wie hast du mich gestraft, du mein Herr und Gott!! Mein liebes Kind, es ist fünf Minuten über Viertel acht … »Dann hättest du eben früher aus dem Geschäft kommen müssen –!« Da kann man halt nix machen.

Sehr geehrter Herr Panter!

Ich habe Ihren kleinen Aufsatz in der Zeitung: Was tun Frauen, bevor sie weggehen? gelesen. Ich muß Ihnen sagen, daß Sie aber durchaus nicht alle Frauen zu kennen scheinen, die es gibt. Es gibt doch Gott sei Dank heute schon eine Menge Frauen und Mädchen, die mindestens ebenso pünktlich und zuverlässig sind wie der Mann. Das beweisen ja auch die vielen weiblichen Telefonangestellten.

Ich muß den Brief leider schließen. Eben kommt mein

Mann und ruft, daß es Zeit ist, zu unserer Mittwochge-
sellschaft zu gehen. Wenn das nicht dazwischen gekommen wäre, Herr Panter, dann würde ich Ihnen noch ganz
anders und viel ausführlicher geschrieben haben, aber leider muß ich jetzt schließen, und meinen Mann begleiten.
Ich möchte Ihnen bloß noch sagen, daß es die allermeisten
Frauen, was Ordnung und Pünktlichkeit betrifft, noch
hundertmal mit jedem Mann aufnehmen können. Ich we-
nigstens bin immer auf die Minute da und fange gar nicht
erst kurz vor meinem Weggehen an, tausend Sachen an-
zufangen und wieder hinzulegen. Überhaupt: das ist eine
männliche Überhebung, sich immer über die Frauen lustig
zu machen. Da fangt ihr Männer mal hübsch bei euch an,
da werdet ihr doch genug Laster und Fehler finden! Und,
Herr Panter, eine Frau, die eine Wirtschaft führt, hat eben
viele Lasten und Sorgen, die ihr keiner abnimmt, nicht einmal der eigene Mann. Sie muß beinahe alles allein tun,
und daher mag es denn manchmal vorkommen, daß sie
sich zu einem Vergnügen verspätet. Und was schadet es
denn schon, wenn der Mann einmal ein bißchen auf sie
warten muß? So galant kann ein Mann schon zu seiner
Frau sein – besonders, wenn sie sich den ganzen Tag für
ihn in der Wirtschaft abgemüht hat. Im übrigen aber sind
die Frauen viel pünktlicher als ihr Männer!

So – jetzt will ich den Brief rasch fertig machen und
frankieren, denn ich muß mich noch anziehen und frisie-
ren –! *Eine Pünktliche* [GW 3, 1924, 529 ff.]

... man soll Frauen keine Witze erzählen. Man muß sie
ihnen immer erklären, und dann sind sie enttäuscht.

[WB, 27. 6. 1918, 595]

Wie schlafen die Leute –?

    Eine Frau, allein . . . . im Pyjama
    Eine Frau, nicht allein . . . . im Nachthemd
    Ein Mann, allein . . . . Nachthemd
    Ein Mann, nicht allein . . . . Pyjama

So eigentümlich ist es im menschlichen Leben. (Protest
auf allen Seiten des Hauses.)   [WB, 24. 5. 32, 785]

Männer sind eine komische Erfindung.

            [WB, 3. 12. 29, 880]

Niemand lernt einen Mann so genau kennen wie eine kluge Frau, die mit ihm täglich zusammenarbeitet – ja, ich
behaupte, daß diese Vereinigung dauerhafter, klarer und
fester sein kann als eine eheliche oder eine voller Liebe.
Ein Mann kann sich nämlich sehr oft verstellen (meist
macht er das sehr dumm) – aber in zwei Situationen kann
er sich gar nicht verstellen: die eine davon ist seine Arbeit
am Schreibtisch. Da ist er ganz er selber: in seiner Unbe-
herrschtheit, in seinem Ehrgeiz, in seinen nachlassenden
Pausen, in seinem Zorn und in seiner Nervosität.

            [GW 6, 1928, 323]

Manche verschwatzen die Zeit, statt zu arbeiten, denn
wenn manche Frauen wüßten, was manche Männer so unter ›arbeiten‹ verstehen, so ließen sie sich nie mehr wegen
ihrer zu langen Telefongespräche Vorwürfe machen.

            [GW 6, 1928, 322]

– das ist kein Mann, der nicht aus vollen Kräften banal
sein kann –   [WB, 29. 8. 18, 196]

Männer sind nie so komisch, als wenn sie rasiert werden oder beim Schneider vorm Spiegel stehn; was an kokettem Magdtum im Manne steckt, kommt sprühend ans Licht. So schön, wie sich jeder Mann beim Friseur vorkommt, möchte ich einmal sonntags sein.

[WB, 5. 1. 26, 37]

Auch ist sehr schön, Männer, die allein sind, singen zu hören. Daß die Majorität so schön singt wie Suzanne Lenglen, mag noch hingehen. Aber was sie so singen! Zunächst: fünfzigmal dasselbe Lied, nein, denselben Liedfetzen, dieselben paar Takte, immer sentimentaler, immer falscher – immer im Rhythmus dessen, was sie grade tun ... Auch verwandelt sich der Text leicht in einen völlig wahnsinnigen Indianergesang:

Valencia!
Laß mich wippen, wippen, wippen
auf den Klippen, Klippen, Klippen –
mit der ganzen Kompanie –!

Das klingt nach der einundsechzigsten Wiederholung ganz menschlich. Auch kann man es pfeifen.

[GW 4, 1926, 513 f.]

Es gibt wohl keinen verständigen Herrn, der nicht ganz und gar unverständige Riten hätte: wenn er sich rasiert; wenn er die Pfeife stopft; wenn er Manschettenknöpfe ins Hemd zieht ... vom Bad zu schweigen. Es ist wie eine ausgleichende Ausspannung – je ernster und aufreibender der Tageslauf, desto verspielter die kleinen Riten seiner Alltagsgebräuche.

Der männlichen Riten gibt es mehrere Arten – man

muß sie nicht ›Angewohnheiten‹ nennen, dazu ist die Sache zu ernst ...

[...] Streichholzschachteln *müssen* längs auf dem Nachttisch stehen – quer dürfen sie das nicht, dann gibt es ... wie? Ein Unglück? Nein, ein Unglück eigentlich nicht; mit ›Aberglauben‹ soll man dem Herrn Mann nicht kommen. Er ist nicht abergläubisch. Aber die Streichholzschachteln müssen längs stehen. Weil sie immer längs gestanden haben. Oder doch in jenem glücklichen Jahr, als die Abschlüsse so gut waren. Hier verheddern sich die Gedanken ... und nun stehen die Schachteln längs. Das muß so sein.

Beim Rasieren muß erst der Pinsel abgewaschen werden, und dann darf der Apparat gesäubert werden. Kehrt man diese Reihenfolge um, dann ... man kann sie nicht umkehren. Man darf sie nicht umkehren. Das ist unmöglich. Sehr gut ist es auch, wenn man mit dem Rasierapparat einmal kurz an die Schachtel klopft, in der er wohnt. Das weckt den Geist, der ... nein, natürlich wohnt da kein Geist, was sind denn das für Dummheiten! Aber gut ist es doch, auf alle Fälle.

Und was manche Männer treiben, wenn sie sich anziehen ... ich habe mir von Damen, die es wissen müssen, sagen lassen: das wäre unbeschreiblich. Daher kann ichs nicht beschreiben. Das soll ja ganz toll sein. Warum ist das alles so –?

Weil sie uns nicht lange genug mit unserer Eisenbahn haben spielen lassen. [...]   [GW 9, 1931, 134 f.]

Das war in Hamburg, wo jede vernünftige Reiseroute auf-
zuhören hat, weil es die schönste Stadt Deutschlands ist —
und es war vor dem dreiteiligen Spiegel. Der Spiegel stand
in einem Hotel, das Hotel stand vor der Alster, der Mann
stand vor dem Spiegel. Die Morgen-Uhr zeigte genau fünf
Minuten vor einhalb zehn.

Der Mann war nur mit seinem Selbstbewußtsein bekleidet, und es war jenes Stadium eines Ferientages, wo man
sich mit geradezu wollüstiger Langsamkeit anzieht, trö-
delt, Sachen im Zimmer umherschleppt, tausend überflüs-
sige Dinge aus dem Koffer holt, sie wieder hineinpackt, Taschentücher zählt und sich überhaupt benimmt wie ein
mittlerer Irrer: es ist ein geschäftiges Nichtstun, und dazu
sind ja die Ferien auch da. Der Mann stand vor dem Spiegel.

Männer sind nicht eitel. Frauen sind es. Alle Frauen sind
eitel. Dieser Mann stand vor dem Spiegel, weil der drei-
teilig war und weil der Mann zu Hause keinen solchen be-
saß. Nun sah er sich, Antinous mit dem Hängebauch, im
dreiteiligen Spiegel und bemühte sich, sein Profil so kri-
tisch anzusehen, wie seine egoistische Verliebtheit das zu-
ließ ... eigentlich ... und nun richtete er sich ein wenig
auf — eigentlich sah er doch sehr gut im Spiegel aus, wie —?
Er strich sich mit gekreuzten Armen über die Haut, wie
es die tun, die in ein Bad steigen wollen ... und bei dieser
Betätigung sah sein linkes Auge ganz zufällig durch die
dünne Gardine zum Fenster hinaus. Da stand etwas.

Es war eine enge Seitenstraße, und gegenüber, in gleicher Etagenhöhe, stand an einem Fenster eine Frau, eine

ältere Frau, schiens, die hatte die drübige Gardine leicht zur Seite gerafft, den Arm hatte sie auf ein kleines Podest gelehnt, und sie stierte, starrte, glotzte, äugte gerade auf des Mannes gespiegelten Bauch. Allmächtiger.

Der erste Impuls hieß den Mann vom Spiegel zurücktreten, in die schützende Weite des Zimmers, gegen Sicht gedeckt. So ein Frauenzimmer. Aber es war doch eine Art Kompliment, das war unleugbar; denn wenn jene auch dergleichen vielleicht immer zu tun pflegte – es war eine Schmeichelei. »An die Schönheit.« Unleugbar war das so. Der Mann wagte sich drei Schritt vor.

Wahrhaftig: da stand sie noch immer und äugte und starrte. Nun – man ist auf der Welt, um Gutes zu tun ... und wir können uns doch noch alle Tage sehen lassen – ein erneuter Blick in den Spiegel bestätigte das – heran an den Spiegel, heran ans Fenster!

Nein. Es war *zu* schéhnierlich ...der Mann hüpfte davon, wie ein junges Mädchen, eilte ins Badezimmer und rasierte sich mit dem neuen Messer, das glitt sanft über die Haut wie ein nasses Handtuch, es war eine Freude. Abspülen (»Scharf nachwaschen?« fragte er sich selbst und bejahte es), scharf Nachttischen, pudern ... das dauerte gut und gern seine zehn Minuten. Zurück. Wollen doch spaßeshalber einmal sehen –.

Sie stand wahr und wahrhaftig noch immer da; in genau derselben Stellung wie vorhin stand sie da, die Gardine leicht zur Seite gerafft, den Arm aufgestützt, und sah regungslos herüber. Das war denn doch – also, das wollen wir doch mal sehen.

Der Mann ging nun überhaupt nicht mehr vom Spiegel fort. Er machte sich dort zu schaffen, wie eine Bühnenzofe auf dem Theater: er bürstete sich und legte einen Kamm von der rechten auf die linke Seite des Tischchens; er schnitt sich die Nägel und trocknete sich ausführlich hinter den Ohren, er sah sich prüfend von der Seite an, von vorn und auch sonst ... ein schiefer Blick über die Straße: die Frau, die Dame, das Mädchen – sie stand noch immer da.

Der Mann, im Vollgefühl seiner maskulinen Siegerkraft, bewegte sich wie ein Gladiator im Zimmer, er tat so, als sei das Fenster nicht vorhanden, er ignorierte scheinbar ein Publikum, für das er alles tat, was er tat: er schlug ein Rad, und sein ganzer Körper machte fast hörbar: Kikeriki! dann zog er sich, mit leisem Bedauern, an.

Nun war da ein manierlich bekleideter Herr, – die Person stand doch immer noch da! –, er zog die Gardine zurück und öffnete mit leicht vertraulichem Lächeln das Fenster. Und sah hinüber.

Die Frau war gar keine Frau.

Die Frau, vor der er eine halbe Stunde lang seine männliche Nacktheit produziert hatte, war – ein Holzgestell mit einem Mantel darüber, eine Zimmerpalme und ein dunkler Stuhl. So wie man im nächtlichen Wald aus Laubwerk und Ästen Gesichter komponiert, so hatte er eine Zuschauerin gesehen, wo nichts gewesen war als Holz, Stoff und eine Zimmerpalme.

Leicht begossen schloß der Herr Mann das Fenster. Frauen sind eitel. Männer –? Männer sind es nie.

[GW 6, 1928, 250 f.]

Frauen von Freunden

Frauen von Freunden zerstören die Freundschaft.
Schüchtern erst besetzen sie einen Teil des Freundes,
nisten sich in ihm ein,
warten,
beobachten,
und nehmen scheinbar teil am Freundesbund.

Dies Stück des Freundes hat uns nie gehört –
wir merken nichts.
Aber bald ändert sich das:
Sie nehmen einen Hausflügel nach dem andern,
dringen tiefer ein,
haben bald den ganzen Freund.

Der ist verändert; es ist, als schäme er sich seiner
                                                    Freundschaft.
So, wie er sich früher der Liebe vor uns geschämt hat,
schämt er sich jetzt der Freundschaft vor ihr.
Er gehört uns nicht mehr.
Sie steht nicht zwischen uns – sie hat ihn weggezogen.

Er ist nicht mehr unser Freund:
er ist ihr Mann.

Eine leise Verletzlichkeit bleibt übrig.
Traurig blicken wir ihm nach.

Die im Bett behält immer recht.   [WB, 21. 7. 25, 103 f.]

[...] ich badete in einer tiefen Badewanne von Freundschaft*

Männer untereinander sind eine harmlose Gesellschaft.

[GW 5, 1927, 34]

Eine richtige Männerfreundschaft ... das ist wie ein Eisberg: nur das letzte Viertel sieht aus dem Wasser. Der Rest schwimmt unten; man kann ihn nicht sehn.

[SG, 129]

Bei einer Freundschaft zu dritt verbünden sich meist zwei gegen den Dritten und fallen über ihn her. Das wechselt, die Fäden laufen auf und ab, teilen sich und vereinigen sich; die Dreizahl ist eine sehr merkwürdige Sache. Eine Vierzahl gibts nicht. Vier sind zwei oder viele.

[GW 5, 1927, 378]

Sich auf jemand verlassen können! Einmal mit jemand zusammen sein, der einen nicht mißtrauisch von der Seite ansieht, wenn irgendein Wort fällt, das vielleicht die als Berufsinteressen verkleidete Eitelkeit verletzen könnte, einer, der nicht jede Minute bereit ist, das Visier herunterzulassen und anzutreten auf Tod und Leben ... ach, darauf treten die Leute gar nicht an – sie zanken sich schon um eine Mark fünfzig ... um einer alten Hut ... um Klatsch ... Zwei Männer kenne ich auf der Welt; wenn ich bei denen nachts anklopfte und sagte: Herrschaften,

* SG, 112

? . . . ich muß nach Amerika – was nun? Sie wür-
. helfen. Zwei – einer davon war Karlchen. Freund-
.aft, das ist wie Heimat. Darüber wurde nie gesprochen,
und leichte Anwandlungen von Gefühl wurden, wenn
nicht ernste Nachtgespräche stattfanden, in einem kalten
Guß bunter Schimpfwörter erstickt. Es war sehr schön.

[SG, 112 f.]

Manchmal . . . wenn Männer untereinander und allein
sind, kommt es vor, daß hie und da einer aufstößt. Es ist
sehr befreiend. [GW 5, 1927, 378]

PAUSE AUF DEM TÖPFCHEN

Wenn einer und er kommt mit einem Freunde zusammen,
den er lange nicht gesehen hat, und sie unterhalten sich so
eifrig und recht beflissen, einander nun alles, aber auch alles mitzuteilen, was sich in der Zwischenzeit ereignet hat
(es können auch weibliche Freundinnen sein), und wenn
sie dann so mittendrin sind im Gerede, im Geruddel, im
Geklatsch und im Gekakel, dann kann es wohl gesche-
hen, daß der andre zum einen oder der eine zum andern
sagt: »Wart mal – einen Moment!« und geht hinaus, wo
die weißen Handtücher hängen und die Badelaken, und
da sitzt er dann und überdenkt es sich. Der andre überdenkt es sich auch.

Und wenn dann der gegangen Seiende wieder ins Zimmer tritt, dann hat sich bei beiden so viel Neues angesam-
melt, das ihnen unterdessen eingefallen ist, sie müssen es
sich nun ganz schnell mitteilen, so daß sie übereinander

herfallen wie die Gack-Gack-Enten, und sie müssen ganz schnell sprechen, beide zugleich, und sich überbieten, wer schöner kann und wer lauter – und es ist ein großes Einvernehmen, das da anhält, na, mindestens bis zum nächsten Morgen.

Merk: Aufs Töpfchen gehen fördert die Freundschaft.

Merk: es gibt nur eines, das die Freundschaft noch mehr fördert:

Den Freund nie auf die Probe zu stellen, die Freundin nicht, niemand. Denn einer, der sein Leben lang einen Lederbeutel voller bunter Steine hütet, die er für Edelsteine hält, der ist reich. Auch, wenn es bunte Glasstückchen sind. Er darf nur den Beutel nicht aufmachen.

Gott erhalte uns die Freundschaft. Man möchte beinah glauben, man sei nicht allein.   [WB, 23. 9. 30, 497 f.]

Aber was man den Leuten ›übel nimmt‹ [...]

Da ist also zum Beispiel die Platte Accordeon 0022, das ist deine allerliebste Lieblingsplatte. Auf ihr singt Miss Sylvania Koschuby (Alaska) den erschütternden Song »Why am I so blue – –!« und du hast sie dir schon 34 mal vorgespielt. Und nur im Freundeskreise andeutungsweise davon Mitteilung gemacht; denn gute Platten sind ein Geheimnis, man soll sie hüten. Du hast sie gehütet. Eines Tages aber ist Anton mal heraufgekommen, hat gesagt: »Na, alter Junge – was machst du immer –?« hat auf deinen Zigarren geraucht und in deinem Whisky herumgetrunken ... und in einer Minute der Seelenweichheit spielst du ihm vor: »Why am I so blue – –‹ Und bevor du die Nadel ansetzest, sagst du: »Anton. Paß auf. Du stehst an einem Wendepunkt deines Lebens. So was hast du überhaupt noch nicht gehört – laß mal jetzt den Quatsch mit der Katze und hör zu –!« Accordeon 0022 beginnt dahinzugleiten … Anton läßt natürlich die Katze nicht, hört aber zu. Platte aus. Du: »Na?« Anton: »Also – was du daran findest –« Diese Freundschaft hat ein Loch. Das nimmst du ihm übel.   [GW 10, 1929, 160 f.]

Freundschaft beruht darauf, daß eben nicht alles gesagt wird, nur so ist Beieinandersein möglich.

[WB, 19. 6. 28, 959]

Moment beim Lesen

Manchmal, o glücklicher Augenblick, bist du in ein Buch so vertieft, daß du in ihm versinkst – du bist gar nicht mehr da. Herz und Lunge arbeiten, dein Körper verrichtet gleichmäßig seine innere Fabrikarbeit, – du fühlst ihn nicht. Du fühlst dich nicht. Nichts weißt du von der Welt um dich herum, du hörst nichts, du siehst nichts, du liest. Du bist im Banne eines Buches. (So möchte man gern gelesen werden.)

Doch plötzlich läßt die stählerne Bindung um eine Spur nach, das Tau, an dem du gehangen hast, senkt sich um eine Winzigkeit, die Kraft des Autors ist vielleicht ermattet, oder er hat seine Intensität verringert, weil er sie sich für eine andre Stelle aufsparen wollte, oder er hat einen schlechten Morgen gehabt ... plötzlich läßt es nach. Das ist, wie wenn man aus einem Traum aufsteigt. Rechts und links an den Buchseiten tauchen die Konturen des Zimmers auf, noch liest du weiter, aber nur mit dreiviertel Kraft, du fühlst dumpf, daß da außerhalb des Buches noch etwas andres ist: die Welt. Noch liest du. Aber schon schiebt das Zimmer seine unsichtbaren Kräfte an das Buch, an dieser Stelle ist das Werk wehrlos, es behauptet sich nicht mehr gegen die Außenwelt, ganz leise wirst du zerstreut, du liest nun nicht mehr mit beiden Augen ... da blickst du auf.

Guten Tag, Zimmer. Das Zimmer grinst, unhörbar. Du schämst dich ein bißchen. Und machst dich, leicht verstört, wieder an die Lektüre.

Aber so schön, wie es vorher gewesen ist, ist es nun

nicht mehr – draußen klappert jemand an der Küchentür, der Straßenlärm ist wieder da, und über dir geht jemand auf und ab. Und nun ist es ein ganz gewöhnliches Buch, wie alle andern.

Wer so durchhalten könnte: zweihundert Seiten lang! Aber das kann man wohl nicht.　　　　　[WB, 12. 4. 32, 573 f.]

Der Dichter muß dichten,
und der Leser will lesen*

Leser zerfallen in drei Abteilungen:
In die Nichtschreibenden; die Schreibenden; die Nicht-
lesenden. [GW 8, 1930, 155]

Jeder Leser kennt das Gefühl, mit dem man ein neues
Buch in die Hand nimmt: man beriecht es erst einmal.
[WB, 23. 9. 1930, 481]

Was ein richtiges Buch ist, das muß einen ganzen Haus-
halt durcheinanderbringen: die Familie prügelt sich, wer
es weiterlesen darf, die Temperatur ist beängstigend,
und Mittag wird überhaupt nicht mehr gekocht.
[GW 9, 1931, 267 f.]

In meinen Mußestunden – es sind deren nicht so furchtbar wenig – treibe ich das blödsinnigste Zeug. Ich lese
zum Beispiel Bücher ... [BA, 29. 2. 16, 24]

Entweder du liest eine Frau, oder du umarmst ein Buch,
beides zugleich geht nicht. [WB, 22. 4. 30, 621]

Kriminalroman im Bett ist schwer. Ein Bett ist doch keine Eisenbahn! [WB, 29. 3. 32, 488]

Durch welche Bücher kann man das Leid betäuben? Das
kommt auf die zu Betäubende an. [GW 8, 1930, 10]

* GW 9, 1931, 268

Wer wird denn Kokain schnupfen, dieses Stimulans unserer Großmütter aus der Inflation! Bücher sind auch sehr schön. [GW 8, 1930, 11]

Brom, Bromural, Pantopon, Bromopon, Pantoral ... es geht nichts über ein gutes Buch. Einschlafen –

Die Räderchen laufen noch, bei gehemmtem Antrieb, es grübelt, selbst der Pyjama ist noch wach und will gar nicht still liegen. »Eine schreckliche Angewohnheit!« sagte meine gute Großmama. »Im Bett zu lesen! Ein junger Mann legt sich ins Bett und schläft!« Die gute Großmama; sie übertrieb so gern. Gibt es etwas Schöneres, als im Bett zu lesen? Auf der Kurve heult eine verspätete Elektrische; Stimmen tönen herauf; ein Auto pustet; einer geht auf der Treppe – und du liegst in der Kajüte deines Betts, niemand kann dir etwas tun, und du blätterst und liest, Bücher rutschen über die schräge Decke auf den Boden, du hörst es nicht, du legst dich von einer Seite auf die andre Seite, schade, daß man nicht mit den Füßen lesen kann, es wäre eine große Erleichterung ... Lesen. Lesen. [WB, 6. 12. 27, 860]

Klapp. Ein Buch ist vom Bett gefallen, liegen lassen ist aus Prestigegründen unmöglich – die andern Bücher machten sich die Schwäche sofort zunutze und fielen alle gleichfalls. [WB, 21. 2. 28, 288]

Am hübschesten sind eigentlich Bücher, die gar keine sind. [GW 7, 1929, 290]

Lest Bücher! Sie sind kleine Inseln der Freiheit im Meer der Zensur. [WB, 26. 5. 31, 778]

Ich liebe dicke Bücher; man kann sie als Briefbeschwerer benutzen, damit einem im Zugwind nicht die Bogen wegfliegen; man kann andere, kleinere Bücher gegen sie stellen, sie behüten wie Großväter die jungen Kinder ... dicke Bücher sind schön. Manchmal kann man auch in ihnen blättern. [RW, 1929, 367]

Es fragt sich, ob man mit dem Buch eine Liebschaft hat oder mit ihm verheiratet ist – ich wage nicht, eine dieser beiden Möglichkeiten mit dem Wort ›nur‹ zu versehen ... [GW 7, 1929, 297]

Vorliebe erkaltet, Neigungen schlafen ein, Bücher, mit denen man wie verheiratet war, werden einem schließlich stumpf, reizlos, gleichgültig, und man liebelt mit neuen. [WB, 18. 5. 22, 514]

Im linken Seitenflügel des Schlosses steht die Bibliothek der Aussortierten. Wenn ein Buch einläuft, das ich nicht lesen mag, dann drücke ich achtzehn Mal auf den Knopf, und dann kommt der Bibliothekar. Es ist ein alter ausrangierter Expressionist; man soll sich der Kollegen annehmen. »Herr Doktor«, sage ich, »das ist für Sie.« »Dichtwerk – Knall – Nachtigall,« sagt er dann, »gesteilt, geballt, getürmt ...« – »Na ja«, sage ich, »es ist gut – Sie können gehn.« Und er geht, mit seinem Buch. [WB, 13. 1. 31, 58]

Sauber ausgerichtet stehen die Buchreihen – die Rücken glänzen matt. So viel Wissen, so viel Mühe, so viel Liebe steckt darin. Liebe des Autors und Liebe des Lesers. [...]

Streiche liebevoll über die Rücken. Im Gleiten liest deine Hand noch einmal alles, was du je geliebt.

[WB, 18. 5. 22, 514 f.]

Früher, das war eine schöne Zeit. Gewiß, die Bücher waren nicht so billig wie heute, und auch die Drucktechnik ließ noch zu wünschen übrig. Aber wie liebte man so ein schmales Bändchen, wie kannte man jeden Buchstaben auf dem Einband, wie zärtlich streichelte man das oft gelesene Buch!

[GW 1, 1913, 134]

[...] ich werde immer jünger und werde wohl mit siebzig reifenspielend im Tiergarten angetroffen werden und selig die Kinderbücher meiner Jugend lesend.

[WB, 1. 7. 30, 29]

[...] wir wollen uns einmal ausruhen und leichte Bücher lesen, auch wohl ruhig einmal einen richtigen Quark –

[WB, 29. 8. 18, 196]

Ich halte es für kein Zeichen mangelnder Lebenskraft, wenn man auch einmal beherzt und klar sagt: heute, Sonntagnachmittag, habe ich mich auf ein Sofa hingelümmelt und geschmökert. Was? Allerhand. Aber es waren nette Bücher.

[WB, 29. 8. 18, 196]

Wo –?

Im Fahren.

Denn in dieser Position, sitzend-bewegt, will der Mensch sich verzaubern lassen, besonders wenn er die Umgebung so genau kennt wie der Fahrgast der Linie 57 morgens um halb neun. Da liest er die Zeitung. Wenn er aber zu-rückfährt, dann liest er ein Buch. Das hat er in der Mappe. (Enten werden mit Schwimmhäuten geboren – manche Völkerschaften mit Mappe.) Liest der Mensch in der Un-tergrundbahn? Ja. Was? Bücher. Kann er dort dicke und schwere Bücher lesen? Manche können es. Wie schwere Bücher? So schwer, wie sie sie tragen können. Es geht mit-unter sehr philosophisch in den Bahnen zu. Im Autobus nicht so – der ist mehr für die leichtere Lektüre eingerich-tet. Manche Menschen lesen auch auf der Straße … wie die Tiere.

Die Bücher, die der Mensch nicht im Fahren liest, liest er im Bett. (Folgt eine längere Exkursion über Liebe und Bücher, Bücher und Frauen – im Bett, außerhalb des Bet-tes … gestrichen.) Also im Bett. Sehr ungesund. Doch – sehr ungesund, weil der schiefe Winkel, in dem die Augen auf das Buch fallen … fragen Sie Ihren Augenarzt. Fragen Sie ihn lieber nicht; er wird Ihnen die abendliche Lektüre verbieten, und Sie werden nicht davon lassen – sehr unge-sund. Im Bett soll man nur leichte und unterhaltende Lek-türe zu sich nehmen sowie spannende und beruhigende, ferner ganz schwere, wissenschaftliche und frivole sowie mittelschwere und jede sonstige, andere Arten aber nicht.

Dann lesen die Leute ihre Bücher nach dem Sonntagessen – man kann in etwa zwei bis zweieinhalb Stunden bequem vierhundert Seiten verschlafen.

Manche Menschen lesen Bücher in einem Boot oder auf ihrem eigenen Bauch, auf einer grünen Wiese. Besonders um diese Jahreszeit.

Manche Menschen lesen, wenn sie Knaben sind, ihre Bücher unter der Schulbank.

Manche Menschen lesen überhaupt keine Bücher, sondern kritisieren sie.

Manche Menschen lesen die Bücher am Strand, davon kommen die Bücher in die Hoffnung. Nach etwa ein bis zwei Wochen schwellen sie ganz dick an – nun werden sie wohl ein Broschürchen gebären, denkt man – aber es ist nichts damit, es ist nur der Sand, mit dem sie sich vollgesogen haben. Das raschelt so schön, wenn man umblättert …

Manche Menschen lesen ihre Bücher in … also das muß nun einmal ernsthaft besprochen werden.

Ich bin ja dagegen. Aber ich weiß, daß viele Männer es tun. Sie rauchen dabei und lesen. Das ist nicht gut. Hört auf einen alten Mann – es ist nicht gut.

Erstens, weil es nicht gut ist, und dann auch nicht hygienisch, und es ist auch wider die Würde des Dichters, der das Buch geschrieben hat und überhaupt. Gewiß, kann man sich Bücher vorstellen, die man *nur* dort lesen sollte, ›Völkische Beobachter‹ und dergleichen. Denn sie sind hinterher unbrauchbar: so naß werden sie. Man soll in der Badewanne eben keine Bücher lesen. (Aufatmen des gebildeten Publikums.)

Merke: Es gibt nur sehr wenige Situationen jedes menschlichen Lebens, in denen man keine Bücher lesen kann,

könnte, sollte ... Wo aber werden diese Bücher hergestellt?
Das ist ein anderes Kapitel.   [GW 8, 1930, 173 f.]

AVIS AN MEINEN VERLEGER

Von allen Leser-Briefen, lieber Meister Rowohlt, scheint
mir dieser hier der allerschönste zu sein. Er stammt von
einem Oberrealschüler aus Nürnberg.
    »Lieber Herr Tucholsky!
    Erlauben Sie mir, daß ich Ihnen zu Ihren Werken meine
vollste Anerkennung ausspreche. Das wird Ihnen zwar
gleichgültig sein – aber ich möchte doch noch eine weite-
re Bemerkung hinzufügen. Hoffentlich sterben Sie recht
bald, damit Ihre Bücher billiger werden (so wie Goethe
zum Beispiel). Ihr letztes Buch ist wieder so teuer, daß
man es sich nicht kaufen kann.
                                              Gruß!«
Da hast es.
    Lieber Meister Rowohlt, liebe Herren Verleger! Macht
unsre Bücher billiger! Macht unsre Bücher billiger! Macht
unsre Bücher billiger!   [WB, 1. 3. 32, 345]

Da saßen die Verleger, und ob sie die Auflage noch so be-
grenzten: niemand war da, der ihnen die Exemplare, nur
für Liebhaber und Liebhaberinnen hergestellt, abkaufte.
Da saßen sie und weinten. Und erfanden – das billige Buch.
                                    [GW 1, 1913, 134]

Wenn ich nicht Peter Panter wäre, möchte ich Buchum-
schlag im Malik-Verlag sein.   [WB, 2. 2. 31, 177]

Einst wurde Roda Roda von Freunden herausgefordert: er könne ja vieles erreichen, aber eines nicht. Nie, niemals würde er den ersten Platz im Kürschner einnehmen. Das Jahr ging zu Ende, der neue Kürschner erschien, und am Anfang stand:

Aaba, siehe Roda Roda.

(Wobei besonders schön das fürsorgliche Doppel-A ist: damit auch ja nichts passieren kann.) Aaba Aaba aber steht auch heute noch an erster Stelle in Kürschners Literaturkalender. [WB, 10. 4. 28, 558]

So stehen wir denn da alle im Kürschner verzeichnet, und jeder der Achttausendzweihundert hat, wenn er darin blättert, sicher einmal gesagt: »Ich möchte nur wissen, wozu die Leute so viel Bücher schreiben!« (Anwesende ausgeschlossen.) Denn so geht das:

Das große Erlebnis, das sich vor einer Schreibmaschine, Bibliotheksbänden, einem Weib entzündet; göttlicher Funke, leuchtendes Auge, tiefe Einsamkeit und schwarzer Kaffee und was jeder so braucht; saubere Reinschrift und Paketsendung an eine Verlegerei; wehende Fahnen und haftende Druckfehler; vor Neuheit krachende Bände und verliebte Widmungen; boshafte Kritiken und Hymnen auf strikte Gegenseitigkeit; eine Postanweisung, ein Scheckchen Honorar; stockender Absatz und staubende Vergessenheit; gehäutete Schlange, Dummstolz und Skepsis; angegriffen, abgegriffen, vergriffen ... und dann eine halbe Petitzeile in Kürschners Literaturkalender:

Agonie der Leidenschaft. Roman. 1901.

[WB, 10. 4. 28, 559]

Vorsätze

Ich will den Gänsekiel in die schwarze Flut tauchen. Ich will einen Roman schreiben. Schöne, wahre Menschen sollen auf den Höhen des Lebens wandeln, auf ihrem offenen Antlitz soll sich die Freiheit widerspiegeln . . .

Nein. Ich will ein lyrisches Gedicht schreiben. Meine Seele werde ich auf sammetgrünem Flanell betten, und meine Sorgen werden kreischend von dannen ziehen . . .

Nein. Ich will eine Ballade schreiben. Der Held soll auf blumiger Au mit den Riesen kämpfen, und wenn die Strahlen des Mondes auf seine schöne Prinzessin fallen, dann . . .

Ich will den Gänsekiel in die schwarze Flut tauchen. Ich werde meinem Onkel schreiben, daß ich Geld brauche.

[GW 1, 1912, 39]

Die Sprache kobolzt[*]

Welcher Teufel soufflierte ihm, was tat er mit der Sprache! Rasend schnell hatte er begriffen, daß es gar nicht darauf ankam, mit welchen Lauten man ›Eifersucht‹ oder ›Hunger‹ ausdrückte. Er wirbelte die Buchstaben herum, die Gedanken schlugen, noch unausgesprochen, Kobolz, und es hagelte Worte wie: »Bittä, Amt Steinpilz«, oder: »Sie waren splitterallein«. Fremdworte wurden unbewältigt angefressen, liegen gelassen und verfaulten, irgend welche Silben schlängelten sich in die wohlgefaßten Sätze und erdrosselten sie ...   [GW 1, 1913, 83]

– die Sprache sang sich ein Lied.   [GW 1, 1917, 266]

Dieser Mann spricht alle Sprachen des Kontinents: deutsch, bürokratisch, bayerisch, weanerisch, jiddisch, preußisch, durch die Nase, kokottisch ...   [WB, 13. 4. 22, 386]

Lassen Sie mich noch von der Sprache schwärmen: nein, so hat nie ein Mensch gesprochen – aber welche Laute, welche Töne! Wie von einem Wirtshaustisch heruntergefallen, welch versoffne, blankpolierte Courtoisie! Wieviel Witz, wieviel Melodie, welch Rhythmus! Arbeit, aber keine Mathematik; Bewegung, aber kein Prusten des arbeitenden Motors; Kunst, aber keine Berechnung.

[GW 1, 1913, 93]

[*] WB, 1. 8. 18, 107

Der Mann ist wahrscheinlich überhaupt kein Mensch, sondern ein Troll oder so etwas. Wie er seine Bücher schreibt, ist mir unerklärlich. Ich glaube, er zieht sie mit Mondstrahlen aus einem Weiher. Geschrieben ist das nicht. Oder er brütet sie aus. Er ist ein Wunder.

[BA, 17. 3. 24, 339]

»Alfred Polgar«, hat Siegfried Jacobsohn einmal gesagt, »ist ein Kelterer.« Das ist wahr: er keltert den Wein der deutschen Sprache, die schön ist – aber diese Schönheit muß ihr abgerungen werden.   [GW 7, 1929, 49]

Deutsche Interpunktion ist, wenn jeder macht, was er will.

[...] Bei Döblin haben die Kommata die Masern, sie bleiben daher alle zu Hause. Bei Hardekopf wieder hat einer, um das Polgarsche Bild zu gebrauchen, den Text mit der Komma-Büchse bestreut, und jetzt stocken Auge und Atem.   [WB, 27. 10. 31, 650 f.]

[...] hier ist mein allerliebstes Lieblingsgedicht, eines, darin die deutsche Sprache selber dichtet, man hört ihr Herz puppern; das ist überhaupt nicht auf Papier geschrieben, das ist in den Blumentöpfen eines Balkons gewachsen ...

> Laß du doch das Klavier in Ruhe;
> es hat dir nichts getan;
> nimm lieber deine Gummischuhe
> und bring mich an die Bahn –

[WB, 9. 7. 29, 60]

Die Worte mit der Wurzel ausgraben: das ist Literatur.

[WB, 24.4.28, 635]

Modewörter ...? Meine Einstellung ist rein menschlich irgendwie die, daß das Wort ›hundertprozentig‹ eine hundertundeinprozentige Sprachdummheit ist.

[GW 8, 1930, 13]

Der gute alte Wustmann! Er hat sich wahrscheinlich eine Walze im Grab anbringen lassen, und da dreht er sich nun ununterbrochen herum, wenn er das hören muß, was man heutzutage so Sprache nennt. [WB, 7.11.18, 439]

Ich persönlich freue mich immer, wenn ich auf das Wort »persönlich« stoße – ein zu dummes Wort. Manchmal wird es aus Bescheidenheit gebraucht; »ich persönlich« bedeutet dann: ›ich für mein Teil, im Gegensatz zu andern, die vielleicht anders denken‹, und manchmal wird es aus Wichtigtuerei gebraucht: ›der Herr Präsident persönlich‹.

Aber eine gradezu morgensternsche Anwendung dieses Wortes habe ich neulich in einer Anzeige gefunden. Die Besitzerin eines Schönheitssalons konnte nicht erscheinen, und daher sandte sie etwas. Nämlich ihre »persönliche Stellvertreterin«. Darüber kann man ganze Nächte nachdenken. [WB, 19.7.32, 98]

[...] das Wort »Schwiegermutter« ist allemal eine Quelle unbändigen Vergnügens. [RW, 1913, 41]

Das ist wohl das am ärgsten mißbrauchte Wort der deutschen Sprache. Puh –! Es wird einem ganz himmelblau und honigsüß zu Sinn – »Sehnsucht«, wie ein schlechter Kandisbonbon – jeder dumme Dichter hat sich an dem Wort die Finger abgewischt.   [BA, 17. 1. 18, 45]

Was Sie über die Schinderei in der deutschen Sprache schreiben, ist mir aus dem Herzen geschrieben. Bei jedem Franzosen, bei jedem Engländer ist es leicht möglich zu sagen, er spräche ein gutes Französisch oder ein gutes Englisch. Wer spricht gutes Deutsch –? Man mag gar nicht mehr hinhören, alles ist wie aus dem Warenhaus, und alle sagen dasselbe. Und wie sie nun erst schreiben –! Bei mir steht es damit faul: ich arbeite lange, bis es so klingt ... Fontane hat das einmal »bummlig« genannt, und Gott weiß, wie er sich damit geplagt hat.
                    [BA, 24. 10. 32, 290]

Die deutsche Sprache, hat Börne einmal gesagt, zahlt in Kupfer oder in Gold. Er hat das Papier vergessen.
                    [WB, 28. 4. 31, 625]

Denn wer die deutsche Sprache beherrscht, wird einen Schimmel beschreiben und dabei doch das Wort »weiß« vermeiden können.   [WB, 23. 11. 26, 803]

[...] mein Wortschatz ist klein, aber rein, und ich beabsichtige nicht, bei meinem hohen Alter noch etwas dazuzulernen.   [DT, 1914, 79]

77

Geflügelte Worte sind wie verdeckte Töpfe, die man sich, mit geschlossenem Deckel, weiterreicht – der andere wird schon wissen, was drin ist. [RW, 1929, 369]

Aber geflügelte Worte – wo seid ihr hin? Es wenden sie immer weniger Leute an; und wer sie anwendet, weiß meist nicht, was er da sagt; und wer es weiß, der sagts nicht, weil er Angst hat, nicht verstanden zu werden ... wenn ich mich nicht irre, so kriechen immer neue fliegende Worte aus dem Ei. Denn das geistige Gut eines Volkes ist stets im Wandel begriffen, es versinken ganze Gesteinsschichten, die man für »ewig« gehalten hat, ewig sind aber u. a. nur die Dummheit und die Bücherlaus, der Rest hält sich nicht so gut. [RW, 1929, 369]

Welch geschwätzige Wortarmut! [BA, 13. 9. 35, 521]

Es gibt ja wortkarge Leute, so jenen Hamburger, der neben einem Schiffer am Elbufer stand und stundenlang ins Wasser sah. Alle halbe Stunde spuckten sie hinein. Nach anderthalb Stunden sagte der Hamburger zum Schiffer: »Schoines Wetter heute!« – Der Schiffer sah gar nicht auf: aber nach einer weiteren halben Stunde brummte er vor sich hin: »Dat seh ick auch, ohne to snacken –!« So wortkarg sind leider nur wenige.

[GW 6, 1928, 142 f.]

Es ist heiß in Hamburg, und vor Hitze gerinnen auch unsere Gespräche. Es ist eine jener hamburger Unterhaltungen, die, besonders wenn der Stoff peinlich ist, im Schlicksand verlaufen, die Worte fließen spärlich wie Jakoppens

Wasser im Sommer, und auf einmal ist es aus. »Wie geht es denn Ihrer Tante?« – »Tje ... der Doktor meint, es wäre ja nu nich mehr so ... und da wäre es ja denn besser, wenn sie nu gleich ...« Aus. Das Wort ›Tod‹ wird taktvoll vermieden, wie überhaupt der Hamburger auch die pathetischen Vorgänge immer ins ›Faine‹ umbiegt. Fein und unerbittlich diesseitig, so ist Hamburg. (Erster Akt ›Hamlet‹. Eine hamburgische Dame zur andern: »Bis schetzt gar kein Sinn in.« Erledigt, Herr Shakespeare!)

[GW 6, 1929, 196]

Manchen Leuten erscheint die plattdeutsche Sprache grob, und sie mögen sie nicht. Ich habe diese Sprache immer geliebt; mein Vater sprach sie wie hochdeutsch, sie, die »vollkommnere der beiden Schwestern«, wie Klaus Groth sie genannt hat. Es ist die Sprache des Meeres. Das Plattdeutsche kann alles sein: zart und grob, humorvoll und herzlich, klar und nüchtern und vor allem, wenn man will, herrlich besoffen.

[SG, 22 f.]

Die zwei sprachen sich in ihren Dialekten über ihre Heimat aus. Sie sagten, wo man das r aussprechen müsse und wo nicht; sie ergänzten ihre Schimpfwörterverzeichnisse; sie wußten beide, was das ist: niederdeutsch. Es ist jener Weg, den die deutsche Sprache leider nicht gegangen ist, wieviel kraftvoller ist da alles, wieviel bildhafter, einfacher, klarer – und die schönsten Liebesgedichte, die der Deutsche hat, stehen auf diesen Blättern.

[SG, 123]

Sprachen kann man *nur* mit dem Gefühl lernen, niemals allein mit dem Verstand

[BA, 25. 11. 35, 550]

Fremde Sprachen sind schön, wenn man sie nicht versteht. Ein Wirbel wilder Silben fliegt uns um den Kopf, und Gott allein sowie der, der sie ausgesprochen hat, mögen im Augenblick wissen, was da los ist.   [WB 6, 1928, 314]

Wann beherrschst du eine fremde Sprache wirklich? Wenn du Kreuzworträtsel in ihr lösen kannst.

[WB, 19. 7. 32, 99]

Das Englische ist eine einfache, aber schwere Sprache. Es besteht aus lauter Fremdwörtern, die falsch ausgesprochen werden.   [WB, 14. 4. 31, 543]

[...] well – das ist das, was die Engländer sagen, um erst einmal den nötigen Vorschlag des Satzes zu haben; denn hier fängt kein Mensch seinen Satz mit der Hauptsache an. Die Hauptsache steht im Nebensatz. Ich habe neulich in London einen jungen Herrn gefragt, ob hier, an dieser Stelle, wo auch er warte, der Omnibus 176 halte. Was sagte er? »I hope so«, sagte er. Ja wäre zu bestimmt gewesen, man kann nie wissen, vielleicht hält er nicht, und die englische Sprache, die so präzis sein kann, liebt die zierlichen Hintertüren, nur so als Notausgang, sie macht wohl selten von ihnen Gebrauch. Sie setzt aber gern hinzu, daß und wann es ganz ernst wird. »Was ist der Unterschied«, fragte neulich in einer Revue einer, »zwischen einem Schutzmann und einer jungen Dame? – Wenn der Schutzmann ›Halt‹ sagt, dann meint er das auch.«

[GW 9, 1931, 242]

Die Engländer haben eine unsterbliche Seele und schrecklich unregelmäßige Verben.   [GW 9, 1931, 243]

[...] ich werde es in fließendem Englisch sagen: No good.
                                         [WB, 17. 1. 28, 95]

Der Engländer hat für jeden Begriff ein Wort und für
jede seiner Nuancen noch eins – da ist ein großer Wort-
reichtum. Bei dem Franzosen ist das anders. Wenn man
den fragt, wie ein besonders kniffliger Begriff auf französisch heiße, dann denkt er lange nach. Und dann sagt er:
»faire«.   [WB, 21. 7. 31, 104]

Welche Hochachtung hat doch der Franzose vor der Sprache! »Il a trouvé ce mot ...« Das Wort war vorher da; der
Autor hat es nur gefunden.   [WB, 26. 5. 31, 776]

Diese Sprache hat die feinsten Zahnräder, mit denen sie
alles ergreift, was ihr zu nahe kommt. [...]
   Und selbst der leichte Tadel bekommt eine liebenswürdige Melodie, wenn er so ausgesprochen wird, wie es jener Curé tat, der am Weihbecken seiner Kirche eine bis
zur Grenze der Unmöglichkeit dekolletierte Dame antraf.
»Wenn Sie nur zwei Finger hineintauchen wollen, gnädige
Frau«, sagte er, »hätten Sie sich nicht auszuziehen brau-
chen!«   [GW 4, 1925, 190]

Zum Sprechen eignet sich die dänische Sprache weniger –
sie zerschmilzt den Hiesigen auf der Zunge und eilt leicht-
silbig dahin, und alles ist ein einziges Wort, und es ist sehr
schwer.   [GW 5, 1927, 230]

Die Schweden sprechen anders deutsch als die Dänen: die Dänen hauchen es, es klingt bei ihnen federleicht, und die Konsonanten liegen etwa einen halben Meter vor dem Mund und vergehen in der Luft, wie ein Gezirp. Bei den Schweden wohnt die Sprache weiter hinten, und dann singen sie so schön dabei ... [SG, 43]

Sprichst du fremde Sprachen nicht sehr gut, dann schrei: man versteht dich dann besser. [GW 7, 1929, 117]

Sprache ist eine Waffe. Haltet sie scharf. Wer schludert, der sei verlacht, für und für. Wer aus Zeitungswörtern und Versammlungssätzen seines dahinlabert, der sei ausgewischt, immerdar. [WB, 17. 9. 29, 459]

Sprache ist stets Ausdruck einer Gesinnung.
[WB, 15. 3. 32, 419]

Was man nicht sagen kann, bleibt unerlöst – »besprechen« hat eine tiefe Bedeutung. [WB, 17. 9. 29, 459]

Es gibt Worte, die nie gesagt werden dürfen, sonst sterben sie ... [GW 1, 1912, 67]

Die Sprache hat gesiegt – es ist nichts mehr zu machen.
[WB, 18. 3. 30, 443]

Deutsch für Amerikaner

Dem Gast der Berliner Fremden-Ssichsn in Züchten

ANKUNFT

Eingang verboten.

Ausgang verboten.

Durchgang verboten.

Herr Gepäckträger, tun Sie diese Koffer auf die leichte Schulter nehmen?

Ich werde mir einen Sonnabend daraus machen, mein Herr.

Ist jene Automobildroschke ledig?

Warten Sie, wir haben noch einen Golfhauer sowie zwei Hüteschächtel.

Dies hier ist Ihr Getränkegeld, ist es nicht?

Bezüglich dessen scheint es mir ein wenig wenig. (Sprich: »krieje noch fummssich Fennje!«)

Autotreiber! Geh an! Ich ziehe das Christliche Hospiz vor!

Rauchen verboten.

Parken verboten.

Durchfahrt verboten.

BEGRÜSSUNGEN

Guten Tag, wie fühlen Sie?

Heute ist ein wahrlich feiner Tag, ist es nicht?

Darf ich Ihnen meinen lieben Mann vorstellen; nein, dieser hier!

Sie sehen aus wie Ihre eigne Großmutter, gnädige Frau!

Ich bin sehr froh, Sie zu sehen; wie geht es Ihrem Herrn Stiefzwilling?

Werfen Sie das häßliche Kind weg, gnädige Frau; ich mache Ihnen ein neues, ein viel schöneres.

Guten Morgen! (sprich: Mahlzeit!)

Guten Tag! (sprich: Mahlzeit!)

Guten Abend! (sprich: Mahlzeit!)

Danke, es geht uns gut – wir leben von der Differenz.

IM RESTAURANT

Bringen Sie mir eine Portion Zahnstocher sowie das Adressenbuch.

Das ist nicht mein Revier.

Meine Frau wünscht einen Wiener Schnitzer; ich habe Zitronenschleim gewählt.

Das ist nicht mein Revier.

Bringen Sie mir einen kokainfreien Kaffee.

Wir haben in Amerika die Verhinderung; bringen Sie mir daher eine Flasche eisgekühlten Burgunders, auch drei Gläser Whisky mit Gin sowie kein Selterwasser.

Das ist nicht mein Revier.

AUF DEM POSTAMT

Dieser Schalter ist geschlossen.

Sie müssen sich auf den Hintern anstellen.

Ich erwarte schon seit Jahren eine größere Geldsendung.

Wo ist die Schaltung für freie Marken und die Briefschaukel?

Wollen Sie so kindlich sein, hinten meine Marke anzulecken?

In dieser Telefonzelle riecht man nicht gut.

Hallo! Ich wünsche eine Nummer zu haben, aber der Telefonfräulein gewährt sie mir nicht.

Meine Näm ist Patterson; ich bin keine Deutsch; hier ist mein Paßhafen.

IM THEATER

Geben Sie mir einen guten Platz.

Wir haben keine guten Plätze; wir haben nur Orchesterfauteuils.

Wird Ernst Deutsch diesen Abend spielen?

Wie Sie sehen, haben wir Festspiele; infolgedaher wird er nicht vorhanden sein.

Dies ist ein guter Platz; man hört nicht viel.

Von wem ist dieses Stück?

Dieses Stück ist von Brecht.

Von wem ist also dieses Stück?

Zeigen Sie mir die blaue Bluse der Romantik.

DES NACHTS

Sie sind ein Süßherz, mein Liebling, tun Sie so?

Das ist mir zu teuer.

Ei, mein Fräulein, könnten Sie sich dazu verstehen, mich durch den Abend zu streifen?

In Paris gibt es solche Häuser; sie sind sehr praktisch.

Hätten Sie wohl die Gewogenheit, auch die Strümpfe abzulegen?

In Amerika tun wir so etwas nicht.

Dies ist wahrlich teuer; Sie sind ein Vamp.

Danke, meine Dame, ich habe schon eine Beziehung; sie (er) hat meine gänzliche Liebe.

KONVERSATION

Er ist ein Stockchinese.

Du bist ein Wahlsachse.

Mangels einer Wäschemangel können jene Kragen nicht gewaschen werden.

Meinen Frau Gräfin nicht auch, daß dies ein rechtes Scheißwetter sein dürfte?

Die berliner Festspiele sind gute Festspiele; aber bei uns in Amerika haben wir die größte Tomatenexportehschn von der Welt.

Leihen Sie mir bitte Ihren linken Gummischuh!

Ich habe einen guten Charakter zuzüglich eines Bandwurmes.

Jener Funkturm ist niedlich.

Bitte zeigen Sie mir den berliner Verkehr.

So habe ich es nicht gemeint!

Dieser Löwe macht einen so zusammengeschmetterten Eindruck.

Ich spreche schon geflossen deutsch; nur manchesmal breche ich noch etwas Rad.

Nach Börlin besuchen wir noch Europa, Persien und Heidelberg, aber am 4. September, acht Uhr erste Minute werden wir New York anfahren. Good-bye –!

[WB, 2. 7. 29, 23 ff.]

Wenn einer eine Reise tut ...*

[...] ich höre nachts die Lokomotiven pfeifen, sehnsüchtig schreit die Ferne, und ich drehe mich im Bett herum und denke: »Reisen ...«   [WB, 15. 9. 25, 420]

DIE KUNST, RICHTIG ZU REISEN

Entwirf deinen Reiseplan im großen – und laß dich im einzelnen von der bunten Stunde treiben.

Die größte Sehenswürdigkeit, die es gibt, ist die Welt – sieh sie dir an.

Niemand hat heute ein so vollkommenes Weltbild, daß er alles verstehen und würdigen kann: hab den Mut, zu sagen, daß du von einer Sache nichts verstehst.

Nimm die kleinen Schwierigkeiten der Reise nicht so wichtig; bleibst du einmal auf einer Zwischenstation sitzen, dann freu dich, daß du am Leben bist, sieh dir die Hühner an und die ernsthaften Ziegen, und mach einen kleinen Schwatz mit dem Mann im Zigarrenladen.

Entspanne dich. Laß das Steuer los. Trudele durch die Welt. Sie ist so schön: gib dich ihr hin, und sie wird sich dir geben.   [GW 7, 1929, 117 f.]

Die Erde hält gutwillig still, wenn die Reisenden über sie dahinklettern, und es ist ihr gleichgültig, wie man sie anschaut. Schilderungen sind auch für den Schilderer charakteristisch.   [GW 5, 1927, 98]

* WB, 7. 12. 26, 888

Reisen bildet.

Es kommt freilich nicht darauf an, wo man seine Koffer hinträgt; es kommt darauf an, was man nach Hause bringt – im Kopf. Manche reisen durch die ganze Welt und kommen eine Kleinigkeit dümmer heim als der Nachtwächter von Messenthien. Ich kannte einen Kaufmann, der stak lange in Indien – seinem Intellekt nach hätte ich ihm kaum Magdeburg zugetraut.   [GW 10, 1926, 183]

Und ewig werde ich an das Wort eines Landsmanns denken, der nach vierwöchigem Aufenthalt das Wort der Worte über Paris gesprochen hat. Dieses:

»Paris – wat is denn det für ne Stadt! Hier jibts ja nich mah Schockeladenkeks –!«   [WB, 19. 1. 26, 112 f.]

Die Finanzkontrolle an der dänischen Grenze beschränkte sich darauf, daß mich der Schlafwagenkutscher fragte, ob ich mehr als 200 Mark bei mir hätte. Ich sagte, ich hätte nicht. Dabei blieb es denn. Zu denken, daß ich rund

4 500 000 000 000 000 000 000 000 000 000 000 000 000 000 000 000 000 000 Mark

und achtzig Pfennig hätte herausschmuggeln können! So was tröstet sehr.   [BA, 11. 11. 31, 261 f.]

Mit dem Aufwand, den wir heute treiben, eine lange Reise zu tun, haben die Griechen früher ihre kleinen Kriege absolviert, und Ruhe geben wir nie.

[WB, 14. 6. 23, 702]

Wenn man zum Beispiel in die Pyrenäen fahren will, braucht man einen Paß. [...]

Über die Kuppen und Grate der Pyrenäen hinweg läuft eine kleine gekreuzelte Linie, die Grenze. Der Fall lag wunderschön kompliziert; ich wohne in Paris, und es waren drei Mächte zu bemühen: Deutschland, Frankreich und Spanien. Ich bemühte sie.

Es kostete vier Arbeitstage sowie zweihundertachtunddreißig Francs. Die Sache spielte sich in Liebe und Freundschaft ab: niemand benahm sich irrsinniger, als seine Vorschrift ihm das vorschrieb, es wurden weder Kniebeugen noch Freiübungen verlangt, auch vom Einzelvorbeimarsch wurde allgemein abgesehen. Regiert wurde ich bei den Deutschen von einem sehr wohlschmeckenden, großen Mädchen, bei den Franzosen von einem höflichen, staubigen Mann, bei den Spaniern von einem Botschaftssekretär und zwei dunkelgetönten Konsularbeamten. Jeder stempelte, trug in Bücher ein, schrieb und fertigte aus, ließ von unbekannten Mächten, die hinter geschlossenen Türen thronten, unterschreiben ...

Das Ministerium des Innern ordnet an, das Ministerium des Äußern mischt sich ein, die Grenzüberwachung weiß von allen beiden nichts und macht ihre Dummheiten selbständig. [...]

Und da habe ich nun meinen Paß, den Beichtzettel.

Ich sehe die blauen und roten Stempel an, blättere voller Bewunderung in unlesbaren Unterschriften und vielsprachigen Tintenklecksen, falte fromm die Hände ...
Dann stecke ich den Paß in die hintere Gesäßtasche und begebe mich auf die Reise in die Pyrenäen.

[GW 5, 1927, 8 ff.]

Übrigens, das ist nun in so einem fernen Badeort ganz besonders hübsch, daß nicht alle zehn Schritt jemand auf der Straße wie angewurzelt stehenbleibt, einen mit idiotisch erfreutem Gesichtsausdruck ansieht und brüllt: »Nein –!« Dergleichen ist Stenographie und heißt: »Traue ich meinen Augen? Sie sind es natürlich nicht, denn Sie können ja gar nicht in demselben Ort sein wie ich!« Und dann gehts los, und der ganze Vormittag ist flöten.

[GW 5, 1927, 19]

Ich unterhalte mich mit einem spanischen Geistlichen, wir sprechen lateinisch. Das heißt: er spricht lateinisch. Ich sage alle meine Fehler aus alten Schulaufgaben auf, konstruiere ut mit dem Indikativ und benehme mich recht scheußlich. Si vales, bene est – ego valeo. Zum Abschied sage ich gar nichts mehr. Denn wenn ich jetzt noch »Bonus dies!« rufe, dann wird mir der geistliche Herr wohl eine kleben.

[GW 5, 1927, 26 f.]

Von der Terrasse der Place Royale in Pau über die Ebene zu sehen – auf die Gebirgskette der Pyrenäen: das ist wie eine Symphonie in A-Dur. Mit Graten und Spitzen, hohen Nasen und graden Linien, mit den geschwungnen Vorbergen steht weit die große Wand der Berge und davor die kerzengraden Pappeln. Vom Gebirge her weht der Wind. Das ist schön.

[GW 5, 1927, 48]

[*Lourdes*] Man sieht zu viel. Man sieht, bei längerm Aufenthalt, wie es gemacht wird, sieht am Häuschen hinter der Basilika die Aufschrift ›Hommes‹ – ›Femmes‹ und ›Cabinets Réservés‹, woraus also zu schließen wäre, daß die

Geistlichen, denen man sie reserviert hat, weder Männchen noch Weibchen sind ... [GW 5, 1927, 73]

In Lourdes sitzt an der Ecke der rue Basse und der rue Baron Duprat im Korbwagen ein dicker Bettler. Er ist im besten Alter, eine Kugel an Fett, ununterbrochen schüttelt er in den Händen eine Blechbüchse, in der etwas klappert. Und nähert sich der Ecke ein Passant, so schüttelt er heftiger und sagt mit rostiger Stimme: »La charité, messieursdames, la charité!« Ich kaufte regelmäßig bei ihm, weil es hübsch war, daß einer abstrakte Gegenstände anpries. Eines Tages aber geschah etwas Unerwartetes. Es näherte sich ihm eine tropfnasige Alte, ein gekrümmtes, zusammengedrücktes Mütterchen, und schlurchte nahe an ihn heran. Die ›charité‹ blieb ihm im Halse stecken. Er sah sie an, öffnete die Büchse und gab ihr ein Kupferstück. Hüstelnd und Segenswünsche brummelnd entfernte sich die Alte.

Das hatte ich noch nie gesehen, einen Bettler, der angebettelt wird. Überschrift: Der Unterbettler.

[GW 5, 1927, 97 f.]

Auf dem Ritt nach Troumouse hatte sich das Pferd öfter mit einem seltsamen Blick nach seinem Reiter umgesehn, aber ich hatte nicht darauf geachtet. Ich saß oben wie ein Stück Butter auf einer heißen Kartoffel und träumte vor mich hin. [...]

Hopla – da stolperte das Pferd ... Paß doch auf! Wieder sah sich das Tier um.

Und als wir zu Hause ankamen, in Gèdre, und ich grade abgestiegen war und neben dem Sattel stand und meine

Beine zählte, die leblosen Klumpen –: da wandte das Pferd noch einmal den Kopf, sah mir mit großen, feuchten Augen genau auf die Nase und sprach mit einer tiefen, deutlichen Stimme:

»Ich habe ja schon viele Leute auf meinem Rücken getragen – aber eine so schweinemäßige Reiterei ist mir denn doch nicht vorgekommen –!«

Sprachs, gab ein Geräusch von sich und wandelte schwanzschlagend in den Stall. [GW 5, 1927, 92]

Die Oberin der Soeurs de la Charité de Nevers, des Ordens, in den die selige Bernadette eingetreten ist: »De quelle nationalité êtes-vous, Monsieur?«

Ich: »Je suis Allemand, ma Mère!«

Sie: »Oh . . . ça ne fait rien!« [GW 5, 1927, 98]

Wind, der ins Gesicht schlägt, Rausch der Schnelligkeit, die Hupe, die die Straße zerteilt, durch einen Wagenpark hindurchschießen – auch dies ist Reisen.

Auf einem Esel sitzen, Stufe vor Stufe einen Berg heraufwackeln, das nasse Fell des Tieres mitleidsvoll von oben ansehn, aber nicht absteigen, Blumen am Wege betrachten und zwei Ohren, die sich ab und zu hochstellen und nach hinten legen, wenn etwas Außergewöhnliches herankommt, langsam die Gegend passieren, ohne sich anzustrengen –: auch dies ist Reisen.

Wandern, sich abmühen, klettern, rutschen, klimmen, herausholen, was in einem Körper drin steckt –: auch dies ist Reisen. [GW 5, 1927, 102]

In einem fremden Hotelzimmer öffnet man das Fenster und macht es wieder zu und geht hin und her. Die Bilder an den Wänden sind töricht, natürlich. Wenn man sich gewaschen hat, kann man pfeifen. Dann lege ich den Kopf an die Scheiben und mache ein dummes Gesicht. Die Nägel könnte ich mir auch mal schneiden.

Was tue ich eigentlich hier –? [. . .]

Die Pyrenäen gehn mich überhaupt nichts an. Da treibe ich mich nun schon seit zwei Monaten umher, laufe und fahre von einem Ort in den andern, wozu, was soll das. [. . .]

Wenn jetzt einer hereinkäme und mich fragte: »Sagen Sie mal, was machen Sie eigentlich hier –?« ich müßte antworten:

»Ich vertreibe mir so mein Leben.«

[GW 5, 1927, 110 f.]

Da kommt ein Mistkäfer angekrochen. Ich frage ihn, ob er weiß, wie er auf lettisch heißt. »Nein«, sagt er. Ich sage ihm: »Sie heißen Ssudebambel.« Ob er keinen andern Namen bekommen könne? Nein. Da kriecht er weiter –

[GW 5, 1927, 119]

Auf dem Weg geht eine Bauersfrau mit einem erheblichen Popo. In Andorra-la-Vella . . . da war im Gasthaus eine Frau bedienstet, die hatte eine leichte Andeutung von Steatopygie. (Der Deutsche Sprachverein »Warum sagen Sie das nicht deutsch?« – Ich kann nicht. »Warum nicht?« – So . . . – »Sagen Sies!« Fettsteiß. Sprachverein ab.) Dergleichen kommt bei Spanierinnen manchmal vor; ich weiß das aus den Büchern.

Ich weiß so viel aus Büchern über die Pyrenäen. Aber was habe ich gesehen? Was kann überhaupt ein Fremder sehen? [...]

Ist einer eine langweilige Type, dann nimmt er alle Tatsachen korrekt auf und darf schreiben: ›Reise durch die Pyrenäen‹. Jeder kann den Wittenbergplatz fotografieren, damit hat er alles gesagt und nichts.

Ist einer ein Kerl, dann steht er sich selbst im Wege, bei allen Schilderungen, und wenn er fertig ist, darf er nicht sagen: ›Reise durch die Pyrenäen‹. Er müßte sagen: ›Reise durch mich selbst‹. [GW 5, 1927, 119]

Das war ein Gebirgsmarsch wie aus dem Bilderbuch. Der Nachtportier schließt frühmorgens das Hotel auf, im Rucksack ist das Frühstückspaket, weil ich nicht weiß, wann ich wieder herunterkommen werde, und kaum sind acht Stunden vergangen, bin ich oben. Mir war das Meer versprochen worden, doch dick verhängt lag das Land. Aber darauf kam es ja gar nicht an. Unterwegs war es viel schöner als oben.

Unterwegs gab es lange Grashalme, die absonderlich schmeckten, aber ohne Grasstengel im Mund kann man nicht marschieren. Unterwegs war eine Rinderherde mit Kühen, Ochsen und Ochsen mit Gebommel. Die Kälber liefen vor mir weg, ich sprach mit den noch rüstigen Vätern, und wir kamen überein, uns gegenseitig nichts zu tun. Der Weg war durch ein Gatter abgeteilt, damit sie nicht vorzeitig nach unten liefen, und alle wollten mitkommen, sie sahen mir lange nach. Unterwegs waren drei Quellen, eine immer frischer als die andre. Ich füllte die Thermosflasche in der obersten und trank noch unten im Tal das eisige Quellwasser. Unterwegs war ich ganz allein, und daher sang ich schöne Lieder. [...]»

Und alle Sträucher riefen: »Nochmal!« wenn ich vorbeikam, und dann sang ich es nochmal und nochmal, und unten lagen die kleinen Städte im Tal, Prades und die Eisenbahn. Und weil ich wußte, daß dies der letzte Marsch in den Pyrenäen sein würde, deshalb preßte ich das letzte Glückströpfchen aus allen Wegen und trank mein Eiswasser und zerbrach beinah meinen Stock und war sehr glücklich. [GW 5, 1927, 122 f.]

Unter den abendlichen Bäumen warte ich das Menü ab. Ich weiß schon, was da aus den offenen Fenstern herausschmurgelt: eine Suppe mit weichem Brot, ein Scheibchen Wurst als hors und ein Scheibchen Sardelle als d'œuvres, gebratene Fische, Rindfleisch, Huhn, meist beides nacheinander; wenn man dann dem Ersticken nahe ist, eine kräftige Schüssel Gemüse, und ein bißchen Käschen, Obstchen, Nachspeischen und Kaffeechen. Dazu, wenns schief geht, rauchende Salpetersäure; sonst einen angenehmen Landwein. [GW 5, 1927, 123]

In fast allen Pyrenäenstädten herrscht eine weiche, geruhsame Luft, besonders in den hübschesten unter ihnen, die am Anfang der Ebene liegen – freundlich geht es da zu. ›T'en fais pas!‹ ist ein schöner Grundsatz. Bring dich nicht um! Nun, hier bringt sich keiner um. [GW 5, 1927, 126]

Je schlechter das Essen, desto lieblicher der maître d'hôtel, der sich über mich wie über einen Kranken beugt: ob es mir denn schmecke, und ob es mir munde, und ob ich zufrieden sei ... Lieber Gott, gib mir doch den Mut, daß ich ihm einmal, nur ein einziges Mal, mit der Gabel in den Bauch pieke ...! [WB, 6. 3. 28, 368]

Die Riviera liegt da und sieht aus.

Sie ist die zweidimensionalste Landschaft, die sich denken läßt: für den Küstendampferpassagier ist sie ein Traum, für den, der auf einer Klippe steht und in die Bucht hineinsieht, ein Paradies – man darf nur nicht in das Paradies hineingehen. Dann ist alles aus. Die französische Riviera ist nur gemalt, und zwar auf Blech. [WB, 6. 3. 28, 367]

Die Flora erinnert an einen verkrüppelten Grunewald, in den sich einige unglückliche Palmen verirrt haben; sie stehen da herum, sich mit den übrigen Bäumen unterhalten können sie nicht, und nun blühen sie unentwegt afrikanisch vor sich hin. [WB, 6. 3. 28, 367]

Diese Musik der französischen Kapellen, die Jazz spielen, hört sich an, wie wenn einer mit halbwegs richtiger Aussprache Englisch vom Blatt liest, ohne ein Wort zu verstehen. Erst, wenn sie den aktuellen Walzer aus der »Lustigen Witwe« zersägen, fühlen sie sich wieder im nationalen Element. [WB, 6. 3. 28, 368]

Ob ich die Feengrotte noch sehen wolle? Die Feengrotte ..? Ich denke an den Harz, wo die Grotten elektrisch erleuchtet sind, sauber parkettiert und mit Geländer für Jugendliche versehen. Meinetwegen. Er führt mich.

Die Feengrotte liegt im Tal, am jenseitigen Abhang. Er zeigt den Eingang: ein von Buschwerk fast verwachsenes

Brunnenloch, bemooste Steine, Gras. Und da der Ausstieg: dasselbe. Ein- und Ausgang liegen ungefähr sieben Meter voneinander entfernt. Die Höhle ist, soweit er sie mir zeigen will, hundert Meter zu begehen. Gemacht.

In das Eingangsloch stieg ein ganz reputierlich aussehender Mann, Mitarbeiter durchaus geachteter Organe, unauffällig, sauber gekleidet. Aus dem Ausgangsloch wurde, nach einer halben Stunde, gezogen: ein von oben bis unten beschmierter, nasser, bekolkter, an den Händen blutender und hutloser Mann. Der Mann lag oben – dem Hut hatte es unten sehr gut gefallen. Der Führer kletterte noch einmal herunter, um ihn zu überreden, doch auch mitzukommen. Dann kam er auch und sah ebenso abgetakelt aus wie der Mann.

Aber abgesehen davon, war Frankreich von innen sehr schön. Zwanzig und dreißig Meter hatte man auf dem Bauch kriechen müssen, mit einer Kerze in den Händen, die die Höhle erleuchtete und die Knie mit tropfendem Talg bekleckerte – der Stein glitschte, aufrichten gab es nicht – was mochten das für Feen sein, die hier wohnten? Einmal hielt der Alte die Kerze hoch – es piepte leise und schwirrte kühl am Ohr vorbei – da wohnten die Fledermäuse. Nein, sie verfingen sich gar nicht im Haar. Sie hingen da zu Hunderten und sahen aus wie geflügelte Muscheln. Sie klappten unhörbar mit den Flügeln – eine hauchartige Bewegung ging durch den schwarzen Ballen. Wir rutschten und kletterten. Wenn ich nachdenke, wen ich gern zwischen den beiden dicken Steinen am Ausgang stecken sähe – ich wüßte keinen. Und wie sah ich aus! Und die guten Sonntagssachen! (»Erlauben Sie mal: Hatten Sie denn keinen Wanderanzug an?« Nein. »Warum nicht?!«

Ja, der war im Koffer. »Na, und der Koffer?« Der stand in Toulon, auf der Bahn. »Na, nehmen Sie es mir nicht übel ...« – »Ruhe mal! Er soll weiter erzählen!«)

[GW 3, 1924, 525 f.]

Dies ist eine alte Landschaft. Die gibt es gar nicht mehr; hier ist die Zeit stehengeblieben. Wenn Landschaft Musik macht: dies ist ein deutsches Streichquartett.

[GW 5, 1927, 376 f.]

Eine Reisebeschreibung ist in erster Linie für den Beschreiber charakteristisch, nicht für die Reise.

[WB, 13. 1. 25, 49]

KOFFER AUSPACKEN

In der Fremde den Koffer auspacken, der etwas später gekommen ist, weil er sich unterwegs mit andern Koffern noch unterhalten mußte: das ist recht eigentümlich.

Du hast dich schon ein bißchen eingelebt, der Türgriff wird leise Freund in deiner Hand, unten das Café fängt schon an, dein Café zu sein, schon sind kleine Gewohnheiten entstanden ... da kommt der Koffer. Du schließt auf –

Eine Woge von Heimat fährt dir entgegen.

Zeitungspapier raschelt, und auf einmal ist alles wieder da, dem du entrinnen wolltest. Man kann nicht entrinnen. Ein Stiefel guckt hervor, Taschentücher, sie bringen alles mit, fast peinlich vertraut sind sie dir, schämst du dich ihrer? Wie zu nahe Verwandte, denen du in einer fremden Gesellschaft begegnest; alle siezen dich, sie aber sagen dir: Du −! und drohen am Ende noch, sprichst du mit einer Frau, schelmisch mit dem Finger. Das mag man nicht.

Wer hat den Koffer gepackt? Sie? Eine warme Welle steigt dir zum Herzen empor. So viel Liebe, so viel Sorge, so viel Mühe und Arbeit! Hast du ihr das gedankt? Wenn sie jetzt da wäre ... Sie ist aber nicht da. Und wenn sie da sein wird, wirst du es ihr nicht danken.

Die Sachen im Koffer sprechen nicht die Sprache des Landes, nicht die Sprache der Stadt, in der du dich befindest. Ihre stumme Ordnung, ihre sachliche Sauberkeit im engen Raum sind noch von da drüben. Da liegen sie und sprechen schweigend. Mit etwas abwesenden Augen stehst du im Hotelzimmer und erinnerst dich nicht ... nein, du bist gar nicht da − du bist da, wo sie herkommen, atmest die alte Luft und hörst die alten, vertrauten Geräusche ... Zwei Leben lebst du in diesem Augenblick: eines körperlich, hier, das ist unwahrhaftig; ein andres seelisch, das ist ganz wahr.

Ein Mann, der sich lyrisch Hosen in den Schrank hängt! Schämen solltest du dich was! Tuts ein Junggeselle, dann geht es noch an; mit sachlich geübten Händen baut er auf und packt fort, glättet hier und bürstet da ... Ein Verheirateter, das ist immer ein bißchen lächerlich; wie ein plötzlich selbständiges Wickelkind ist er, ohne Muttern, etwas allein gelassen in der weiten Welt.

Der Bademantel erinnert nicht nur; in seinen Falten liegen Stücke jener andern Welt, aus der du kamst. Das ist schon so. Aber faltest du ihn auseinander, dann fallen die Stücke heraus, verflüchtigen sich, auf einmal hängt er vertraut und doch fremd da, ein gleichgültiger Bademantel, den das Ganze nicht so sehr viel angeht ... Und da ist etwas praktisch zusammengerollt, hier ist ein besonderer Trick des Packens zu sehn, hast du die Krawatten gestreichelt, alter Junge? Als ob du noch nie gereist wärst!

Leicht irr stehst du im Zimmer, in der einen Hand einen Leisten, in der andern zwei Paar Socken, und stierst vor dich hin. Gut, daß dich keiner sieht. Um dich ist Bäumerauschen, ein Klang, Schmettern dreier Kanarienvögel und eine Intensität des fremden Lebens, die du dort niemals gefühlt hast. Tropfen quillen aus einem Schwamm, den du nie, nie richtig ausgepreßt hast. So saftig war er? Hast du das nicht gewußt? Zu selbstverständlich war es, du warst undankbar – das weißt du jetzt, wo es zu spät ist.

Eine Parfumflasche ist zerbrochen, das gute Laken hat einen grünlichen Fleck, ein Geruch steigt auf, und jetzt erinnert sich die Nase. Die hat das beste Gedächtnis von allen! Sie bewahrt Tage auf und ganze Lebenszeiten; Personen, Strandbilder, Lieder, Verse, an die du nie mehr gedacht hast, sind auf einmal da, sind ganz lebendig, guten Tag! Guten Tag, sagst du überrascht, ziehst den alten Geruch noch einmal ein, aber nach dem ersten Aufblitzen der Erinnerung kommt dann nicht mehr viel, denn was nicht gleich wieder da ist, kommt nie mehr. Schade um das Parfum, übrigens. Die Flasche hat unten ein häßlich gezacktes Loch, es sieht fast so aus, wie etwas, daraus das Leben entwichen ist ... Also das ist dummer Aberglaube, es ist ganz einfach eine zerbrochene Flasche.

Unten, auf dem Boden des Koffers, liegen noch ein paar Krümel, Reisekrümel, Meteorstaub fremder Länder. Jetzt ist der Koffer leer.

Und da liegen deine Siebensachen auf den Stühlen und auf dem Bett, und nun räumst du sie endgültig ein. Jetzt ist das Zimmer satt und voll, fast schon ein kleines Zuhause, und alle Erinnerungen sind zerweht, verteilt und dahin. Noch ein kleines – und du wirst dich auf deiner nächsten Station zurücksehnen: nach diesem Zimmer, nach diesem dummen Hotelzimmer.   [GW 5, 1927, 153 ff.]

Es ist so viel unverbrauchte Zärtlichkeit in Hotelzimmern, wo sie allein liegen:

ein Mann, oder eine Frau, oder ein angebrochenes junges Mädchen –

in leiser Lächerlichkeit liegen wir allein.

[WB, 9. 10. 28, 560]

Erotik und Reisen weisen Zusammenhänge auf, die wir nur noch nicht kennen.

Da hatte ich einen Freund, einen dicken Jungen, der fuhr eines Tages nach Brünn. Und als er da so durch die Gassen ging, begegnete er einem Mädchen, das zog ihn, als sie sich zugenickt hatten, ins Haus.

Er weiß heute noch nicht ihren Namen, weiß nichts von ihr, als daß sie einen süßen Leib hatte, und hat sie nie wieder gesehen. Wenn ich den Dicken um nichts beneide – hierum beneide ich ihn.   [GW 1, 1914, 168]

In jeder Reiseschilderung sind Ressentiments und Liebe gleichmäßig vertreten, wir wollen uns da nichts vormachen.   [DT, 1931, 802]

Ich für mein Teil verstehe nichts von England, schlimmer: ich spüre nichts. Kein Wind weht, den ich einatmen mag; aus keinem Bach mag ich trinken; von keinem Strand ins Meer laufen; auf keine Wiese mag ich mich werfen und mit den Zähnen die Grashalme ausrupfen: fremd ist mir diese Erde. Sie singt nicht. Sie sagt nichts. Sie nährt mich nicht. Kein Ton in mir schwingt, keine Saite erklingt; ich frage nichts, das Land antwortet nicht, nichts strömt hinüber und herüber, und ich werde froh sein, wenn ich wieder zu Hause bin.   [DT, 1931, 804]

Und nun waren wir in Schweden.

Der Zoll zollte. [...] Ich protzte furchtbar mit meinen zehn schwedischen Wörtern, aber sie wurden nicht verstanden. Die Leute hielten mich sicherlich für einen ganz besonders vertrackten Ausländer.   [SG, 43]

Es gibt fett zu essen, alles ist prächtig und gut, sogar über den rationierten Alkohol wäre hinwegzukommen, wenn nur nicht einer den Schweden etwas von Kaffee erzählt hätte. Das ist schier undenkbar, was sie damit machen. Sie –

Geh mal raus, ich trau mich gar nicht, das laut zu sagen – sie –

Also: sie kochen den Kaffee, den lebendigen Kaffee kochen sie in Wasser! Als ich diese Prozedur zum ersten Male sah, erschrak ich bis ins innerste Gebein; sie kochten den Kaffee, wie man Aal kocht oder Wäsche, und ließen diese braune Sache eine Stunde lang auf dem Herd stehen. Dann kamen lebendige Menschen und tranken das, bitte, ich habe es selbst gesehen. Seitdem koche ich mir meinen Kaffee allein, aber die Bohnen müssen auf dem Meeresgrund gewachsen sein, es ist kein Kaffee ... nun, lassen wir das. [GW 6, 1928, 202 f.]

Es war ein strahlender Tag – ein Wetter, wie die Prinzessin sagte, ein Wetter zum Eierlegen. Wir gingen auf den Bahnhof. So ein winziger Bahnhof war das; eigentlich war es nur ein kleines Haus, das aber furchtbar ernst tat und vor lauter Bahnhof vergessen hatte, daß es Haus war. Da lagen auch zwei Schienenpaare, weil die ja zu einem Bahnhof gehören, und hinten kam der Waggon angeschnauft. Einen Zug gab es hier nicht – nur einen Motorwagen. Er hatte sich einen kleinen Schornstein angesteckt, damit man es ihm auch glaubte. [SG, 109]

Der letzte Urlaubstag ...

Ich bin schon für die Reise angezogen, zwischen mir und dem Mälarsee ist eine leise Fremdheit, wir sagen wieder Sie zueinander. [...]

Da steht Gripsholm. Warum bleiben wir eigentlich nicht immer hier? Man könnte sich zum Beispiel für lange Zeit hier einmieten, einen Vertrag mit der Schloßdame machen, das wäre bestimmt gar nicht so teuer, und dann für immer: blaue Luft, graue Luft, Sonne, Meeresatem, Fische und Grog – ewiger, ewiger Urlaub. [...]

Letzter Tag. So erfrischend ist das Bad in allen den Wochen nicht gewesen. So lau hat der Wind nie geweht. So hell hat die Sonne nie geschienen. Nicht wie an diesem letzten Tag. Letzter Tag des Urlaubs – letzter Tag in der Sommerfrische! Letzter Schluck vom roten Wein, letzter Tag der Liebe! Noch einen Tag, noch einen Schluck, noch eine Stunde! Noch eine halbe ...! Wenn es am besten schmeckt, soll man aufhören. [SG, 229 f.]

Letzter Tag des Urlaubs – letzter Tag in der Sommerfrische ...! Letzter Schluck vom roten Wein ... letzter Tag der kleinen Reiseliebe – noch eine halbe Stunde! Noch eine halbe! Noch eine viertel ...! Letzter Tag ... letzter Tag des Lebens ...?

Vielleicht ist es deshalb so schwer, zu sterben, weil niemand einen letzten Tag ertragen kann. Er ist aber gar nicht so schwer zu ertragen. Wenn es am besten schmeckt, soll man aufhören. Was dann kommt ...

Nichts ist so schön wie der letzte Tag.

[GW 8, 1930, 200]

Schön ist nur, was niemals dein.
Es ist heiter, zu reisen, und schrecklich, zu sein.

[WB, 17. 1. 28, 104]

Das beste ist und bleibt natürlich die Reise –

[GW 3, 1924, 424]

Der Floh

Im Departement du Gard – ganz richtig, da, wo Nîmes liegt und der Pont du Gard: im südlichen Frankreich – da saß in einem Postbüro ein älteres Fräulein als Beamtin, die hatte eine böse Angewohnheit: sie machte ein bißchen die Briefe auf und las sie. Das wußte alle Welt. Aber wie das so in Frankreich geht: Concierge, Telephon und Post, das sind geheiligte Institutionen, und daran kann man schon rühren, aber daran darf man nicht rühren, und so tut es denn auch keiner.

Das Fräulein also las die Briefe und bereitete mit ihren Indiskretionen den Leuten manchen Kummer.

Im Departement wohnte auf einem schönen Schlosse ein kluger Graf. Grafen sind manchmal klug, in Frankreich. Und dieser Graf tat eines Tages folgendes:

Er bestellte sich einen Gerichtsvollzieher auf das Schloß und schrieb in seiner Gegenwart an einen Freund:

Lieber Freund!

Da ich weiß, daß das Postfräulein Emilie Dupont dauernd unsre Briefe öffnet und sie liest, weil sie vor lauter Neugier platzt, so sende ich Dir anliegend, um ihr einmal das Handwerk zu legen, einen lebendigen Floh.

Mit vielen schönen Grüßen

Graf Koks

Und diesen Brief verschloß er in Gegenwart des Gerichtsvollziehers. Er legte aber keinen Floh hinein.

Als der Brief ankam, war einer drin. [WB, 5. 1. 32, 26]

Denn man kann über
alles lächeln ...*

Die Welt verachten – das ist sehr leicht und meist ein Zeichen schlechter Verdauung. Aber die Welt verstehen, sie lieben und dann, aber erst dann, freundlich lächeln, wenn alles vorbei ist –: das ist Humor. [GW 5, 1927, 415]

Und Schmunzeln ist ja die schönste Art Lachen.
[WB, 20.6.18, 568]

Nichts herrlicher, als wenn sich über einen possierlich hitzigen Pudel die kalte Dusche eines berliner Witzes ergießt – [WB, 25.12.19, 795]

Fräulein Ullmann las die Familiennachrichten ihrer Zeitung. Mit einem Ruck schloß sie das Blatt. »Wieder kein Bekannter tot!« [WB, 19.7.32, 99]

Je lauter er schreit, je niemander kommt.
[GW 1, 1917, 276]

Sie sprach so viel, daß ihre Zuhörer davon heiser wurden.
[WB, 26.5.31, 776]

Man kann den Hintern schminken, wie man will, [...] es wird kein ordentliches Gesicht daraus. [GW 9, 1931, 59]

* WB, 9.10.19, 443

Ein guter Popo ist ein sanftes Ruhekissen.

[WB, 24. 8. 26, 306]

Im Anfang war der Verein; jede anderweitige Übersetzung des Wortes ›Logos‹ durch Faust beruht auf einem philologischen Irrtum. [GW 8, 1930, 27]

Lieber arm und reich, als jung und alt. [GW 7, 1929, 221]

Im Kriege habe ich einmal diesen Satz gehört: »Die Bohnensuppe ist das Klavier des kleinen Mannes.«

[WB, 24. 5. 32, 785]

Rundfunk wird störend oft empfunden, weil er stets mit Geräusch verbunden. [DT, 1927, 556]

Der Pessimist. »Ich werde also eines Tages sterben. Natürlich – das kann auch nur mir passieren!«

[WB, 24. 5. 32, 785]

Ich war seit zwei Jahren zum ersten Male wieder in Deutschland; in der Heimat kann ich nicht sagen, weil es sich ja um Bayern handelt – wir würden uns das beide verbitten.

[WB, 24. 8. 26, 306]

Zu einem ganz strengen, ganz bösen Mann am Fahrkartenschalter möchte ich immer sagen: »Na, was haben Sie denn so für Billets –?« [WB, 24. 5. 32, 785]

Bei mir wissen immer alle meine Bräute voneinander, weil ich ein feiner Psychologe bin. [GW 7, 1929, 133]

Der Kreislauf der Natur. Mein Vetter hat einen Cousin, dessen Stiefnichte ist mit ihrem Großzwilling verheiratet. Und dem sein Onkel pflegt zu sagen:

»Mein liebes Kind, da sind nun also die Würmer. Die Würmer werden von den Fröschen gefressen; die Frösche von den Störchen; die Störche bringen Kinder, und die Kinder haben Würmer. So schließt sich der Kreislauf der Natur.« [WB, 19. 7. 32, 99]

Manche Gegenstände werden durch ein einziges Löchlein entwertet; weil an einer Stelle von ihnen etwas nicht ist, gilt nun das ganze übrige nichts mehr. Beispiele: ein Fahrschein, ein Luftballon und eine Jungfrau.
[WB, 17. 3. 31, 390]

Nippes ist, wenn man es als Kind entzweiwirft und man bekommt Prügel. [WB, 4. 8. 21, 132]

Der Pantoffel ist ein Ding, das nur in der Einzahl vorkommt, wie jeder weiß. [GW 4, 1925, 78]

Nach Paris kann man keinen Mann allein schicken, meinen schon gar nicht. Die Axt im Haus.
[WB, 2. 10. 28, 524]

Kleines Frühstück. »Die Bouillon«, sagte die Prinzessin, »sieht aus wie Wasser in Halbtrauer!« – »So schmeckt sie auch.« [SG, 43]

Da stürzten die Frauen aus den Häusern heraus, daß die
Eierkuchen in ihrer Pfanneneinsamkeit schwarz verpruz-
zelten   [WB, 15. 9. 21, 274]

Wohlschmeckend schritten die jungen Damen dahin und
guckten Esperanto   [GW 5, 1927, 230]

Hans Reimann und ich, wir halten es, den Naturgeset-
zen durchaus zuwider, so: Jedes Mal, wenn er ein Ei ge-
legt hat, gackere ich – und dann freut er sich und legt
noch eins.   [WB, 3. 4. 24, 452]

Das Publikum blieb stumm. Ergriffenheit? Du lieber Gott,
auch die Kuh bleibt stumm, wenn man ihr die Neunte
Symphonie vorspielt.   [WB, 20. 11. 19, 636]

... Ach, die Welt ist unvollkommen, und die Kunst der
Tischreden ist fast verlorengegangen, aber leider nicht
die Sitte, welche zu halten.   [RW, 1928, 357]

Ein bekannter Modezeichner ging einst zum Chef der Zeitung, für die er arbeitete, und bat um Gehaltserhöhung.
Die schlechten Zeiten ... und die teuren Preise ... Und
der Chef entgegnete: »Die teuren Preise ... und die schlechten Zeiten ...« – »Da wird nichts andres übrig bleiben«,
sagte der Modezeichner, »als daß wir beide reich heira-
ten –!«   [WB, 27. 5. 30, 799]

Hering ist gut, Schlagsahne ist gut. Wie gut muß erst Hering mit Schlagsahne sein –!   [GW 4, 1925, 252]

[...] schade, daß man einen Wein nicht streicheln kann.

[GW 5, 1927, 375]

Raum ist in der kleinsten Villa – aber eine Villa muß es sein.

[GW 2, 1919, 153]

Mensch, manche sind so doof – wenn die so lang wärn wie sie doof sind, da könnten sie aus der Dachrinne saufen.

[BA, 18.1.31, 247]

[...] die Kellner der Bierabteilung schwitzen und die der Weinabteilung transpirieren

[GW 7, 1929, 304]

Immer klopfen sie, oder sie machen Musik, immer bellt ein Hund, marschiert dir jemand über deiner Wohnung auf dem Kopf herum, klappen Fenster, schrillt ein Telefon – Gott schenke uns Ohrenlider.

[SG, 98]

Zwei Mädchen saßen am Klavier.
Da sagt die eine: »Denke dir,
was ich nicht alles spielen kann!«
Die andre nahm sich einen Mann.

[DT, 1923, 332]

Was aber die Musikalischen sind, so ist das eine eigenartige Sache mit ihnen.

Ganz vernünftige Menschen, solche mit einer Stellung oder einem Mann oder einer oder mehreren Überzeugungen – diese also fallen plötzlich in das Musikfeld ein. Gurgelnd jagen sie durch die Notenstoppeln.

[WB, 26.10.26, 676]

Auch zeichnen sich Musiker durch einen fühlbaren Mangel an Humor aus – das ist grauslich. Sie verständigen sich schon von weitem durch kabbalistische Terminologie; kaum haben sie sich berochen, so bricht es aus ihnen hervor, jeder hat ein Klavier im Stall oder einen schwarzen Steinway-Rappen und erzählt von seinen Feldzügen auf diesen geschundenen Tieren … [WB, 26. 10. 26, 676]

Der Mensch ist ein Wesen, das klopft, schlechte Musik macht und seinen Hund bellen läßt. Manchmal gibt er auch Ruhe – aber dann ist er tot. [WB, 27. 5. 30, 800]

… dieses Mal ging mein kleiner Neid nur mit einer dürftigen Badehose bekleidet umher. [DT, 1929, 660]

Stets in der Lage, seine Neurasthenie für weisen Verzicht auszugeben, war er immer bereit, um eine Arbeit zu ersparen, mehr Arbeit aufzuwenden. [WB, 21. 6. 23, 730]

Halten Sies Maul, wenn Sie mit mir reden!
[GW 2, 1920, 258]

Es kann der Beste nicht im Nachbarn leben, wenn es dem bösen Frieden nicht gefällt. [WB, 22. 5. 28, 807]

Denn dies ist mein Privatsparren: still muß es sein, so still, daß man die Druckfehler in den Büchern knistern hört. [GW 9, 1931, 247]

Nun war die Menge in die Trauerhalle gelangt. Der Zug stockte, hielt. Ein schwarz begehrockter Herr trat vor und hielt ein weißes Blatt in der Hand. Alle Köpfe entblößten sich. Alfred Holzbock stand mit völlig kahler Platte da; seine Haare waren im Zylinder verblieben.

[WB, 21. 6. 23, 730]

Sie hoben den Sarg und trugen ihn hinaus. »Von Erde bist du«, sprach einer und warf die drei Handvoll nach unten. Die Schollen verhielten sich vorschriftsmäßig: sie polterten dumpf.

[WB, 21. 6. 23, 732]

[...] die Katze ist das einzige vierbeinige Tier, das dem Menschen eingeredet hat, er müsse es erhalten, es brauche aber dafür nichts zu tun.

[GW 6, 1928, 156]

In einem medizinischen Prüfungskollegium saß einmal ein Zoologe, der war dafür berüchtigt, nur über sein Spezialfach, die Würmer, zu prüfen. Eines Tages aber stieß ihn der Bock, und er fragte einen nichtsahnenden Kandidaten etwas von den Elefanten. »Der Elefant«, sagte der Kandidat nach kurzem Nachdenken, »frißt so gut wie gar keine Würmer. Die Würmer ...«

[WB, 8. 4. 30, 541]

(Zum Mann, der in der Nase bohrt): »Suchen Sie was Bestimmtes?«

[WB, 27. 5. 30, 800]

Salzflecke werden gereinigt, indem man Rotwein darüber gießt

[SG, 203]

Bei einem französischen Theaterautor, A. Achaume, steht eine herrliche Szene vom Wahnwitz der Maschinenherrschaft.

Ein Mann empfängt einen andern. »Bitte, nehmen Sie Platz! Was führt Sie her?« Und bevor der andre zu Worte kommen kann, sagt der erste: »Einen Augenblick mal!« und telefoniert. Und telefoniert und telefoniert ...

Das habe ich auch geschrieben. Aber die Pointe wäre mir nie eingefallen:

Der Besuch steht auf und schickt sich an, zu gehn. »Aber bitte«, sagt der Mann mit dem Hörer in der Hand. »Einen Augenblick doch nur ...«

»Nein«, sagt der Fremde. »Wissen Sie was? Ich rufe Sie an.«

Die unleidliche Gewohnheit, Besuchern etwas vorzu-telefonieren, ist selten witziger glossiert worden.

[WB, 26. 1. 32, 140]

[...] und was wäre der Mensch ohne Telefon! Ein armes Luder.

Was aber ist er mit dem Telefon? Ein armes Luder.

[GW 8, 1930, 19]

In Paris gibt es einen Chansonnier Goupil, ein Mann zwei-ten Ranges; in Erinnerung sind mir nur noch zwei kleine, flinke, infam glitzernde Rabenäuglein. Der hat, wie der ›Temps‹ zitiert, eine Geschichte erzählt, die höre ich mit den scharfen, überkandierten Blechstimmen der Franzö-sinnen:

– Mais bonjour, ma très bonne, d'où venez-vous?
– De l'Institut de Beauté.
– Il est donc fermé?

[BA, 20. 4. 35, 476]

In Ungarn lebte einmal ein Mann, der war dafür berühmt, daß er noch nie berühmt war. [WB, 31.7.24, 179]

[...] man möchte ein Hering sein, nur um zu wissen, wie ein dänischer Magen von innen aussieht, es ist nicht vorstellbar. [GW 5, 1927, 231]

Der schwedische Zeichner Albert Engström hat von einer seiner Figuren gesagt: Er schielte so, daß er mittwochs beide Sonntage zu gleicher Zeit sah.

[WB, 27.5.30, 800]

Die Engländer sind die Römer der Neuzeit. Die Franzosen sind die Chinesen des Westens. Die Japaner sind die Engländer des Ostens. Die Belgier sind die Polen des Westens. Nur was die Bayern eigentlich für ein Volksstamm sind – das hat noch kein Mensch herausbekommen.

[WB, 25.11.24, 804]

Wenn man in Frankreich einen Regenschirm kaufen will, geht man in ein Regenschirmgeschäft und kauft ihn. Das heißt: ein Fremder tut so. Der kluge Franzose aber kennt jemanden, der jemanden kennt, der eine Frau hat, die einen Schwager besitzt, der Beziehungen zu einem Uhrmacher hat, der nebenbei mit Regenschirmen handelt. Und davon lebt eine Nation. [GW 8, 1930, 174]

Die Balten sind die Apotheker Europas – sie haben durchweg einen Sparren. In Ascona wohnte einer, der hatte nie eine Uhr im Haus. In einem Dörfchen, vier Kilometer davon, war eine Turmuhr, die konnte man mit bloßem Auge

kaum erkennen. Da kaufte sich der Balte für teures Geld
ein Fernrohr und las die Zeit ab.   [WB, 27. 5. 30, 799]

Warum lächelt die Mona Lisa
Weil sie
Hitkinsons Verdauungspastillen
eingenommen hat
und so
von ihrer lästigen Verstopfung
für immer befreit ist!
Wollen Sie
auch lächeln?
Dann ...
Amerikanisches Inserat
[GW 7, 1929,294]

Ein Reverend ging einmal in ein schlechtes londoner Haus.
Nach einer halben Stunde kam er wieder heraus. »Nein«,
sagte er, »da langweile ich mich lieber in einer Kirche.«
[WB, 31. 7. 24, 180]

Da wurde ein dicker Curé aus der Bretagne jüngst von
einem seiner Beichtkinder vor einem recht zugänglichen
Hause mit einer großen Hausnummer betroffen. »Aber
Herr Curé«, sagte der Gläubige, »Sie gehen in solche Häuser –?« »Wie können Sie so etwas von mir denken!« erwiderte der fromme Mann. »Ich habe hier nur meinen Regenschirm vergessen.«   [WB, 18. 8. 25, 261]

Berlin, den 31. Dezember 1920
Berlin, den 31. Dezember 1921
Berlin, den 31. Dezember 1922
Berlin, den 31. Dezember 1923
Berlin, den 31. Dezember 1924
Berlin, den 31. Dezember 1925
(abends im Bett)

Von morgen ab fängt ein
neues Leben an

[...] So geht das nicht mehr weiter.

Also von morgen ab hört mir das mit dem Bier bei Tisch auf. Wenn mir Mutter wieder Hamann-Schokolade durch Emmy schicken läßt, gebe ich sie den Kindern. Und Edith darf nicht mehr so fett kochen. Gestern hab ich ihr noch gesagt ... Nein, gestern hab ich gefragt, ob noch Stopfleber da ist – das ist wahr. Aber das hört mir jetzt auf.

[...] Von morgen ab fange ich wieder an, regelmäßig jeden Morgen zu turnen. (›Wieder‹– denke ich deshalb, weil ich mir das schon so oft vorgenommen habe.) Und fünfzig Kniebeugen, wenn ich fleißig trainiere, kann ichs mit Leichtigkeit auf hundert bringen. Ich war doch ein sehr guter Turner, seinerzeit – wenn ich nicht gerade dispensiert war. Na ja, aber heute ist das ja ganz was anderes.

Von morgen ab stehe ich früh auf. Dieses ewige Lange-im-Bett-herum-Geliege – das führt ja zu nichts. Ich stehe einfach um sechs auf, turne ordentlich, dann schön brausen und frottieren – ah – darauf freue ich mich. Ob ich nicht doch anfangen soll, zu reiten ...? Na, das ist vielleicht zu teuer – aber ein Stündchen durch den Tiergarten – großartig! Ich werde ins Geschäft gehen! Das härtet ab – in drei Monaten bin ich ein anderer Kerl. Schlank, elegant, gesund – [...]

Von morgen ab nehme ich den spanischen Unterricht wieder auf. Jeden Tag abends im Bett ein halbes Stündchen Spanisch – das geht ganz gut und bringt einen auf andere Gedanken. Dann kann ich die Reise nach Südamerika machen – ich werde Edith nichts sagen – das wird eine Überraschung, wenn ich auf dem Dampfer so ganz lässig Spanisch spreche ... Als ob sich das von selbst verstände ... Hähä ...

Übermorgen fängt ein neues Jahr an – ich werde ein anderer Mensch.

Von übermorgen ab wird das alles ganz anders. Also erst mal muß die Bibliothek aufgeräumt werden – das wollte ich schon lange. Aber jetzt gehts los. Von übermorgen ab mache ich nicht mehr diese kleinen Läpperschulden – eigentlich sind das ja gar keine Schulden –, aber ich will das nicht mehr. Und die alten bezahle ich alle ab. Alle. Von übermorgen ab höre ich wieder regelmäßig bildende Vorträge – man tut ja nichts mehr für sich. Ich will wieder jeden Sonntag ins Museum gehen, das kann mir gar nichts schaden. Oder lieber jeden zweiten Sonntag – den anderen Sonntag werden wir Ausflüge machen –, man kennt die Mark überhaupt nicht. Ja, und neben die Waschtoilette kommt mir jetzt endlich die Tube mit Vaseline – das macht die rauhe Haut weich, so oft habe ich das schon gewollt. Übermorgen ist frei – da setze ich mich hin und lerne Rasieren. Diese Abhängigkeit vom Friseur ... Außerdem spart man dadurch Geld. Das Geld, was ich mir da spare – davon lege ich eine kleine Kasse an – für die Kinder. Ja. Das ist für die Ausstattung, später. Von übermorgen ab beschäftige ich mich mit Radio – ich werde mir ein Lehrbuch besorgen und mir den Apparat selbst bauen. Die gekauften Apparate ... das ist ja nichts. Ja, und wenn ich morgens durch den Tiergarten gehe, da werde ich vorher Karlsbader Salz nehmen – so weit ist es bis zum Geschäft gar nicht ...

Man kommt eben zu nichts. Das hört jetzt auf.

Denn die Hauptsache ist bei alledem: man muß sich den Tag richtig einteilen. Ich lege mir ein Büchelchen an, darin schreibe ich alles auf – und dann wird jeden Tag unweigerlich das ganze Programm heruntergearbeitet – unweigerlich. Von morgen ab. Nein, von übermorgen ab. Im nächsten Jahr ... Huah – bin ich müde. Aber das wird fein:

Kein Bier, keine Süßigkeiten, turnen, früh aufstehen, Karlsbader Salz, durch den Tiergarten gehn, Spanisch lernen, eine ordentliche Bibliothek, Museum, Vorträge, Vaseline auf den Waschtisch, keine Schulden mehr, Rasieren lernen. Radio basteln – Energie! Hopla! Das wird ein Leben! [...]   [GW 4, 1926, 303 ff.]

In diesem Band wurde aus den im folgenden aufgeführten Quellen zitiert. Dabei wurde die Orthographie vereinheitlicht. Von der Herausgeberin getätigte Auslassungen sind zu Beginn und innerhalb der Zitate durch eckige Klammern, am Ende von Zitaten durch fehlende Satzzeichen gekennzeichnet. Wurde aus der *Weltbühne* zitiert, folgt dem Kürzel »WB« jeweils das Erscheinungsdatum der Ausgabe und die fortlaufende Seitenzahl des Halbjahresbandes, den Zitaten aus dem *Sudelbuch* (»SB«) ist die Zitatnummer beigefügt, denen aus *Schloss Gripsholm* die Seitenzahl. Bei Zitaten aus der zehnbändigen Werkausgabe ist zwischen Bandnummer und Seitenzahl zudem angegeben, in welchem Jahr der jeweilige Text erstmals erschienen ist. Diese Angabe ist auch bei den Zitaten aus *Deutsches Tempo* und *Republik wider Willen* ergänzt. Bei Briefzitaten (»BA«) ist der Seitenzahl das Datum aus dem Briefkopf vorangestellt.

WB = Die Weltbühne. Vollständiger Nachdruck der Jahrgänge 1918 – 1933. Königstein/Ts.: Athenäum Verlag 1978.

GW = Kurt Tucholsky: Gesammelte Werke in 10 Bänden. Herausgegeben von Mary Gerold-Tucholsky und Fritz J. Raddatz. Reinbek bei Hamburg: Rowohlt Taschenbuch Verlag GmbH 1975.

DT = Kurt Tucholsky: Deutsches Tempo. Texte 1911 bis 1932. Herausgegeben von Mary Gerold-Tucholsky und Fritz J. Raddatz. Reinbek bei Hamburg: Rowohlt Taschenbuch Verlag GmbH 1990.

RW = Kurt Tucholsky: Republik wider Willen. [= Kurt Tucholsky: Gesammelte Werke. Ergänzungsband 2. 1911 bis 1932. Herausgegeben von Fritz J. Raddatz]. Reinbek bei Hamburg: Rowohlt Verlag GmbH 1989.

SB = Kurt Tucholsky: Sudelbuch. Reinbek bei Hamburg: Rowohlt Verlag GmbH 1993.

SG = Schloß Gripsholm. Eine Sommergeschichte von Kurt Tucholsky. Reinbek bei Hamburg: Rowohlt Verlag GmbH 1964.

BA = Kurt Tucholsky: Briefe. Auswahl 1913 bis 1935. Herausgegeben von Roland Links. Berlin: Verlag Volk und Welt 1983.

»Eine kleine Liebesgeschichte, welche Sie Ihrer Freundin schenken können.« Ernst Rowohlt an Kurt Tucholsky

Eine Sommerliebe in Schweden. Unnachahmlich graziös und amüsant erzählt, schwebend wie ein Schmetterling und sonnendurchflutet wie der Sommer selbst. Seit seinem Erscheinen 1931 haben sich Liebende dieses heiter-melancholische Buch voller verliebter Torheiten und Verzauberungen immer wieder geschenkt. Hans Traxler hat Tucholskys Geschichte mit 60 Bildern meisterhaft illustriert. Entstanden ist ein Prachtband. Bilder und Text sind aufs Schönste verbunden.

»Hans Traxlers Bilder ergänzen Tucholskys Text nicht nur aufs Feinste – sie erzählen ihn auch auf wunderbare Weise weiter.« Norddeutscher Rundfunk

Kurt Tucholsky, Schloß Gripsholm. Eine Sommergeschichte. Mit zahlreichen Illustrationen von Hans Traxler. insel taschenbuch 4456. 173 Seiten.

NF 484/1/01.20

Tucholskys beliebteste Erzählungen in einem Band

Mit augenzwinkernder Leichtigkeit erzählt Tucholsky in *Rheinsberg* von den unbeschwerten Urlaubstagen der Verliebten Claire und Wolfgang im Märkischen. Das Glück auf *Schloß Gripsholm* hingegen erweist sich als Idyll auf Zeit: Daddy und Lydia können dem Alltag nicht entkommen, die Sorgen reisen ihnen hinterher ...
Die beiden beliebtesten Erzählungen Tucholskys in einem Band – mit einem Nachwort von Marcel Reich-Ranicki.

Kurt Tucholsky, Rheinsberg. Schloß Gripsholm. Mit einem Nachwort von Marcel Reich-Ranicki. insel taschenbuch 4518. 211 Seiten.

Kapitales von
KARL MARX

»Das Geld wird abgeschafft. Ich kenn' schon einen, der nichts mehr hat.«

Karl Marx kämpfte nicht nur gegen das Kapital, sondern auch gegen allerlei Widrigkeiten des modernen Lebens. Er watscht »breitmäulige Faselhänse« ab, prangert den Raubbau an der Natur an und sinniert über die Aussichten auf eine »höhere Form der Familie und des Verhältnisses beider Geschlechter«. Er ringt in seinen Schriften mit dem Elend einer Welt des Mangels inmitten von Überfluss, einer Welt voller Steuereintreiber und verschuldeter Staaten, verunreinigter Flüsse und erschöpfter Böden, gefangener Tiere und freier Lohnarbeiter, platter Politökonomen und selbstlobhudelnder Sozialisten.
Geistreiche und kritische Kommentare aus dem Marx'schen Schaffen zur Arbeit, Natur und Familie, zu Deutschland, Krise, Staat und Kapital versammelt dieser Band.

Karl Marx, Kapitales von Karl Marx. Herausgegeben und mit einem Nachwort versehen von Timm Graßmann. insel taschenbuch 4638. 142 Seiten.

**»Aller höhere Humor fängt damit
an, dass man die eigene Person nicht
mehr ernst nimmt.«**
Hermann Hesse

Oft ist behauptet worden, dass Hermann Hesse bei der Schwermut
seiner Lyrik und Problemfühligkeit seiner zeitkritischen und er-
zählenden Schriften ein resignativer Melancholiker sei, humorlos
und ohne Sinn für Schalk und Ironie. Die Geschichten, Verse und
Anekdoten dieses Bandes beweisen das Gegenteil.

Ob er am Beispiel des Ritters Knorz von Knörzelfingen die akade-
mische Vergangenheitsbewältigung parodiert, ob er über »Eduards
des Zeitgenossen zeitgemäßen Zeitgenuss« berichtet, ob er uns
über sportliche Aktualitäten wie das Kleinkinderschwimmen von
Gibraltar nach Afrika auf dem Laufenden hält und auch die »Wunder der Technik« nicht zu kurz kommen lässt, zu deren Errun-
genschaften die Erfindung des Atomnussknackers und Sonntags-
ausflüge auf den Saturn zählen, an originellen Einfällen fehlt es
ihm ebenso wenig wie an pointierten Versen.

Hermann Hesse, Wir nehmen die Welt nur zu ernst.
Heitere Erzählungen, Gedichte und Anekdoten. Herausgegeben von Volker Michels. insel taschenbuch 4678. 300 Seiten.

**Zum Glücklichwerden und
Glücklichmachen**

*Ich lieb ein pulsierendes Leben,
das prickelt und schwellet und quillt,
ein ewiges Senken und Heben,
ein Sehnen, das niemals sich stillt.*

Ob flüchtig wie ein Windhauch im Sommer, aufregend wie das
erste Knospen von Blumen im Frühling oder beruhigend wie
ein warmer Sommerregen – das Glück ist bei Rainer Maria Rilke
stets das höchste und zarteste Gut, nach dem der Mensch sich
sehnt.

Rainer Maria Rilke, Glück. Ausgewählt und mit einem
Nachwort von Arne Grafe. insel taschenbuch 4351. 127 Seiten